世界哲學家叢書

謝　　林

鄧 安 慶 著

1995

東 大 圖 書 公 司 印 行

國立中央圖書館出版品預行編目資料

謝林／鄧安慶著. --初版. --臺北市：
東大發行：三民總經銷，民84
面 公分. --(世界哲學家叢書)
參考書：面
含索引
ISBN 957-19-1727-3 （精裝）
ISBN 957-19-1728-1 （平裝）

1. 謝林 (Schelling, Friedrich
Wilhelm Joseph von, 1775-
1854)—學術思想—哲學

147.48   83011182

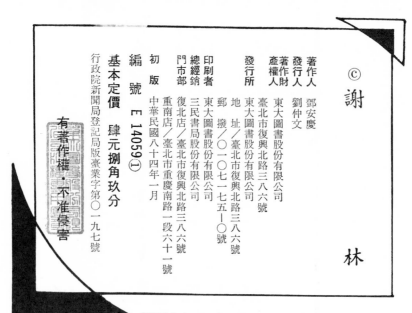

ⓒ 謝　林

著作人　鄧安慶
發行人　劉仲文
產權財
著作　東大圖書股份有限公司
發行所　東大圖書股份有限公司
　　　　地址／臺北市復興北路三八六號
　　　　郵撥／○一○七一七五一○號
印刷者　東大圖書股份有限公司
總經銷　三民書局股份有限公司
門市部　復北店／臺北市復興北路三八六號
　　　　重南店／臺北市重慶南路一段六十一號
初　版　中華民國八十四年一月

編　號　E 14059①
基本定價　肆元捌角玖分
行政院新聞局登記證局版臺業字第○一九七號

ISBN 957-19-1727-3 （精裝）

「世界哲學家叢書」總序

　　本叢書的出版計畫原先出於三民書局董事長劉振強先生多年來的構想，曾先向政通提出，並希望我們兩人共同負責主編工作。一九八四年二月底，偉勳應邀訪問香港中文大學哲學系，三月中旬順道來臺，即與政通拜訪劉先生，在三民書局二樓辦公室商談有關叢書出版的初步計畫。我們十分贊同劉先生的構想，認為此套叢書（預計百冊以上）如能順利完成，當是學術文化出版事業的一大創舉與突破，也就當場答應劉先生的誠懇邀請，共同擔任叢書主編。兩人私下也為叢書的計畫討論多次，擬定了「撰稿細則」，以求各書可循的統一規格，尤其在內容上特別要求各書必須包括 (1) 原哲學思想家的生平；(2) 時代背景與社會環境；(3) 思想傳承與改造；(4) 思想特徵及其獨創性；(5) 歷史地位；(6) 對後世的影響（包括歷代對他的評價），以及 (7) 思想的現代意義。

　　作為叢書主編，我們都了解到，以目前極有限的財源、人力與時間，要去完成多達三、四百冊的大規模而齊全的叢書，根本是不可能的事。光就人力一點來說，少數教授學者由於個人的某些困難（如筆債太多之類），不克參加；因此我們曾對較有餘力的簽約作者，暗示過繼續邀請他們多撰一兩本書的可能性。遺憾

的是，此刻在政治上整個中國仍然處於「一分為二」的艱苦狀態，加上馬列教條的種種限制，我們不可能邀請大陸學者參與撰寫工作。不過到目前為止，我們已經獲得八十位以上海內外的學者精英全力支持，包括臺灣、香港、新加坡、澳洲、美國、西德與加拿大七個地區；難得的是，更包括了日本與大韓民國好多位名流學者加入叢書作者的陣容，增加不少叢書的國際光彩。韓國的國際退溪學會也在定期月刊《退溪學界消息》鄭重推薦叢書兩次，我們藉此機會表示謝意。

原則上，本叢書應該包括古今中外所有著名的哲學思想家，但是除了財源問題之外也有人才不足的實際困難。就西方哲學來說，一大半作者的專長與興趣都集中在現代哲學部門，反映著我們在近代哲學的專門人才不太充足。再就東方哲學而言，印度哲學部門很難找到適當的專家與作者；至於貫穿整個亞洲思想文化的佛教部門，在中、韓兩國的佛教思想家方面雖有十位左右的作者參加，日本佛教與印度佛教方面卻仍近乎空白。人才與作者最多的是在儒家思想家這個部門，包括中、韓、日三國的儒學發展在內，最能令人滿意。總之，我們尋找叢書作者所遭遇到的這些困難，對於我們有一學術研究的重要啟示（或不如說是警號）：我們在印度思想、日本佛教以及西方哲學方面至今仍無高度的研究成果，我們必須早日設法彌補這些方面的人才缺失，以便提高我們的學術水平。相比之下，鄰邦日本一百多年來已造就了東西方哲學幾乎每一部門的專家學者，足資借鏡，有待我們迎頭趕上。

以儒、道、佛三家為主的中國哲學，可以說是傳統中國思想與文化的本有根基，有待我們經過一番批判的繼承與創造的發

展，重新提高它在世界哲學應有的地位。為了解決此一時代課題，我們實有必要重新比較中國哲學與（包括西方與日、韓、印等東方國家在內的）外國哲學的優劣長短，從中設法開闢一條合乎未來中國所需求的哲學理路。我們衷心盼望，本叢書將有助於讀者對此時代課題的深切關注與反思，且有助於中外哲學之間更進一步的交流與會通。

最後，我們應該強調，中國目前雖仍處於「一分為二」的政治局面，但是海峽兩岸的每一知識分子都應具有「文化中國」的共識共認，為了祖國傳統思想與文化的繼往開來承擔一份責任，這也是我們主編「世界哲學家叢書」的一大旨趣。

傅偉勳　韋政通

一九八六年五月四日

自序：追踪生命的浪漫稟性

謝林哲學，很難說它是德國古典哲學中最為重要的，但可以肯定地說，它是最為複雜的。單是自然哲學、先驗哲學、藝術哲學、同一哲學、自由哲學、神話哲學、啟示哲學，如此變化多端的主題，就足以讓人摸不著頭腦，而且這些不同的部分，又不構成一個統一的整體，只是在其長達79年的生命歷程的各個不同階段形成的，其歷史背景和謝林本人的政治背景又不相同，這就更難以讓人對它有個全面地整體把握。所以，在整個哲學史研究中，後人對謝林的評價，往往總是顧此失彼；黑格爾（Georg Wilhelm Friedrich Hegel, 1770～1831年）作為最早對謝林哲學進行批判改造的著名哲學家，他的評價無疑具有巨大的學術價值，影響也十分廣泛。但他僅限於謝林同一哲學之前的思想，因為謝林比黑格爾小5歲，在後者死後還活了21年，其間的神話哲學和啟示哲學是無法進入黑格爾視野之中的。甚至於叔本華（Arthur Schopenhauer, 1788～1860年）對謝林的批判也未涉及到謝林後期哲學的內容，因為他的《作為意志與表象的世界》在1818年出版了。恩格斯（Friedrich Engels, 1820～1895年）是最早起來批判謝林啟示哲學的，這對於我們理解這一思想的政治背景提供了材料，但恩格斯當時還只是一個激進的黑格爾派的成員，他的批判帶有十分明顯的維護黑格爾免受侵犯的目的，立足點也仍是其老師的唯心主義。在現代哲學家中，匈牙利的盧卡奇

（Georg Lukacs, 1885～1971年）在其《理性的毀滅》一書中追溯了謝林後期非理性主義思想的發展演變，批判了這一思想的反動本質。與盧卡奇這樣貶低謝林後期哲學完全不同，現代西方的許多哲學家，特別是存在主義的一些代表人物，如克爾凱戈爾（Sieren Kierkegaard, 1831～1855 年）、海德格爾（Martin Heidegger, 1889～1976年）和雅斯貝爾斯（Karl Jaspers, 1883～1969 年）卻對謝林後期哲學讚不絕口，推崇備至 …… 所有這一切，都為我們全面、公正、準確地評價謝林，提供了十分複雜的前理解結構。

　　當初，我考入武漢大學哲學系攻讀博士學位並選擇在我國哲學界研究最為薄弱的謝林思想做博士論文時，我所遇到的最頭疼的問題就是不知如何下手的困惑，正像一位陌生的旅行者，被一處寬廣無比而又絕無中心的美景所吸引，心情無比激動地要把各處景觀一覽無餘而又總是擔心疏忽了這一旅遊聖地的核心領地一樣。這時，從研究者的便利角度出發，我是多麼想謝林也像康德、費希特和黑格爾一樣，構造出了一個完滿的「體系」，有著某種貫穿始終的主線，好讓我們讀他的一本書或幾部著作就能抓住其思想的核心，領會其精神的實質，洞悉其演變的線索！可是，謝林這個太不守規約的或者說太具有創造性的人，特讓我失望。在他那裏，找不到中心，只有峯廻路轉的叢林；找不到主線，只有斷裂突兀的奇峰。自然哲學、先驗哲學、同一哲學、藝術哲學、神話哲學、啟示哲學……，每一部分似乎都是一個「中心」，然而下一部卻又重新開始，以至於年老的謝林毫不可惜地拋棄年輕時好不容易建構起來的理論思想，投入上帝的懷抱之中。無怪乎法國著作家巴朗什（Pierre Simon Ballanche, 1776～1847年）

規勸創造者一旦完成了創始的工作就必須立即死去，因為有著巨大創造性的人，只有死去，才能為其創造的東西打上一個完整的句號，否則就像德國詩人海涅所言，此人必定「變節」無疑。謝林正是這樣的人。他的確太有創造性了，二十歲左右本來應該是個「未出茅廬」的大學生時，他就連續出版了好幾部關於自然哲學的巨著躋身到哲學家的行列之中，而在黑格爾這樣「後來居上」的大哲學家都仙逝歸天後，這個壽星又有足夠的時間把黑格爾的思想巢穴翻了個底朝天。如果說，每個思想家當他完成了其思想創造的任務後，必然精疲力竭地不是倒在死神的懷抱，就是倒在他從前敵對者的懷抱，這可歸結為一種自然規律的話，我們倒真可以消除由於自身的懶惰或理解力的貧之而產生的對於一個具有非凡創造力的哲學家的不快心情和怨氣了。

對於這樣一個不斷創新而無中心體系的哲學家來說，如果想就某一著作或某一階段的著作去逐字逐句地判斷他，那會是不公正的，「人們應當按年代去讀他的著作，在其中追尋他的思想逐漸形成的過程，並抓住他的根本思想。」❶ 海涅的這一提示是很有啟發性的。我們正是根據「年代」去讀他的著作才按順序地把自然哲學、先驗哲學、同一哲學、藝術哲學、神話和啟示哲學作為謝林不同時期哲學的幾處主要部分或階段。然而，在按時間順序閱讀了他的主要著作之後，仍然還有一個如何抓住其「主要」思想或其思想的「根本」精神問題。對於這個問題，筆者認為，一是要從產生謝林思想的文化教養中確定其思想的基本定向；二是要從謝林本人的個性特徵中把握其思想創造的基本原則和核心

---

❶　【德】亨利希·海涅：《論德國宗教和哲學的歷史》，第139頁，北京商務印書館，1974版。

4 謝 林

要旨。

　　可以說，貫穿於謝林時代的德國文化中的基本精神，一是源自英法等國啟蒙運動的科學理性精神，一是與啟蒙運動相對抗的浪漫主義精神。在德國古典哲學中，前者以思辨的形式，延續了近代理性主義哲學為整個人類知識確立基礎，從而也為整個世界確立理性基礎的這一基本工作。德國啟蒙思想家高舉著理性的大旗，為確立人的自我意識，為思想自由的權利而鬥爭吶喊，為確立人的地位和尊嚴而不懈地努力，並試圖從審美教育、藝術趣味上來培養人超功利的心境和無拘無束的美感創造性。正因為如此，德國啟蒙運動，通過德國古典哲學和「狂飆突進」的文學革命又把浪漫主義推向了文化前臺。浪漫主義試圖超出啟蒙主義所建構的科學、功利的機械論世界圖景而返回於表現個體內在生命力的詩意的審美的情感和體驗的世界，因而是力圖衝破知識論的認知理性框架而確立個體本真生命價值的一種生存論突圍。

　　這種時代的文化精神氛圍構成了謝林哲學產生的精神沃土。具體來說，新教的思想自由，康德的批判精神，費希特的能動創造的自我，浪漫主義推崇的無限創造的「天才」，超越世俗功利的審美愉悅以及謝林從小養成的熱愛自然、崇尚生命的熱情都在塑造謝林個性特徵中占有一席之地。謝林的心是浪漫的，儘管他在承接啟蒙主義的科學理性過程中，也走上了一條通達先驗自我的內在性的思辨之路，然而他卻以其洞見「絕對」的「直觀力」去修正了康德和費希特重邏輯分析、概念演算的「反思」或「知性」思辨，從而突出了直觀、想像、審美體驗等直接的創造力，完成了對思辨理性的浪漫加工。謝林的感覺是敏銳的、充滿激情的，在那科學理性成就輝煌、高歌猛進的時代，他就像盧梭那

樣，深感宇宙的和諧被破壞，自然的情感已喪失，理性的創造力在枯竭；像席勒那樣，強烈地感到人的完整性已不復存在，人變成了「碎片」。在這樣的時代，科學理性以其邏輯的嚴密性、概念的明晰性和無神論的戰鬥性，使人遠離了上帝（絕對），並排斥著神話，使人的精神在「清楚明白」的赤裸裸的功利世界中變得簡單、枯燥和抽象，從而失去了本有的家園和創造的靈性，孤獨地在這充滿喧嘩與騷動的世界上不得安寧。於是乎，謝林心中的「理性」燃燒成一團激情澎湃的野火，它要重新照亮精神的歸家之路；它要讓「機械」論的科學和邏輯化的哲學重新回到它們曾經發源並最終定要回歸到那裏去的詩的汪洋大海之中；它要讓遭受心靈二元分裂痛苦的西方人返回到自然那原始的和諧中去。在那裏，有著自我、有著精神生生不息的本源的自然創造力；它要讓哲學中的思辨的自我變成藝術的天才，不僅具有邏輯思維的嚴格性和知性判斷的統攝力，而且是有著藝術想像力、直覺力和美感創造力的英雄，只有憑藉這種力量，才能通達心靈無窮渴慕的無限和絕對；在謝林的心中從未失去過他那浪漫的烏托邦情結：生命的詩化和浪漫的神性。當他理性的野火終於演變成非理性的神性之光時，他仍在呼喚神話的重要性，如果科學迫使我們遠離神話，我們也要為著生命的詩意而不斷地為自己創造出神話。人性的缺失和不完善只有在具有無限創造力的、活動的、充滿愛心的浪漫神性中才能找到皈依，只有建立萬能創造性的神性本體並最終試圖通過對神性存在及其啟示的證明和領悟，方可解決他那心目中強烈追求的「絕對同一性」，讓人世間的醜惡、不自由、不和諧最終消融於浪漫神學的一元性光輝之下。由此可見，謝林整個哲學都是在追蹤那生命的浪漫稟性，自然、藝術、

直觀、審美、絕對、神話、啟示這些不同的對象和觀念都是在描述著這個浪漫的稟性。他從各個不同方向追踪浪漫稟性的執著達到了與其生命共存亡的境界，也正由此而凸現出一個真正有理性的智者的尊嚴。

從這個視野去閱讀謝林，我們就會發現他的哲學的獨創之處，既不同於純粹思辨的嚴格體系化的理性哲學，也不同於純粹不要體系的，以感想的、片斷的、抒情的、形象的方式來表達的浪漫主義，而是在思辨與浪漫的張力關係中的一種融合。「思辨」構成其哲學的形式，而「浪漫」構成其哲學的內容。在這一視野中，我們發現了謝林哲學的內在精神和統一性。

自然哲學是謝林整個哲學思想的發源地和生長點，它起初只是為了補充和完善費希特的知識學，其任務是要從自然這一浪漫的客體生長出或揭示出思辨主體（自我），從而使費希特純粹思辨的邏輯主體（自我）獲得自然這一浪漫的客觀基礎和詩性根源，變成客觀的主—客體。因此，自然哲學作為思辨的物理學，既是對作為思辨自我浪漫之根的自然進行思辨構成，也是對理性主義思辨形式的浪漫加工，表達出自然的原始創造性和與精神的潛在同一性。

先驗哲學是謝林向其同一哲學體系過渡的一個必不可少的基本環節和組成部分，它以自然哲學所揭示出的自我為出發點，力圖從思辨的主體返回於浪漫的客體自然，從而完成思辨自身所設定的自滿自足的、自我相關的內在邏輯圓圈。通過知識、歷史和藝術三個階段，謝林的先驗哲學既實現了以自然哲學為起點的自然同一性的回歸，同時也過渡到以「絕對」為起點和歸宿的藝術哲學，從而完成了超越一切現實的對立、分離而達到絕對同一的

絕對理性哲學體系。同一哲學的建構和完成，正是謝林哲學中思辨的科學理性精神和浪漫主義精神相互消長、滲透與融合的過程。審美、詩、神話都是促成生命浪漫化的根本力量。

從 1804 年開始的謝林後期哲學，包括 1809 年的自由哲學和晚期的神話哲學和啟示哲學，都把以前作為理智直觀去思辨地加以把握的「絕對」當作信仰的、沉思的對象——神了。對神的思辨就失去了思辨原有的科學理性精神，實質上是把理性主體轉向了神的浪漫性客體。所謂神（上帝）的浪漫性是指他的萬能的創造性、自由自主的個性，充滿人間的愛心以及存在於自身之內的自滿自足和諧極樂的生活。謝林之所以要用它來淹沒和吞併思辨的理性主體，乃在於人的現實世界充滿著醜惡、不自由、不和諧。如何調解神性超驗世界和人性經驗世界的新的二元論是謝林後期宗教哲學的主題。宗教熱情的爆發進一步證明了理性對於人及其生命的某些根本缺陷和現實處境的無能為力，神的浪漫性成為現實的最終而唯一的浪漫根源。

謝林的這種思辨的浪漫哲學具有重大的意義，他既以其豐富厚實的浪漫精神為思辨哲學注入了活力和生機，並防止著理性主義的偏頗，又以其思辨精神使浪漫主義獲得了堅實的哲學基礎和理論表達。正因為如此，我們就不能像從前那樣，僅僅把謝林看作是德國思辨哲學從主觀唯心主義到客觀唯心主義發展的一個「環節」，僅是從康德、費希特到黑格爾這條通往絕對理性之途中的一座橋梁，因為他的浪漫精神是「客觀唯心主義」這一術語無法包容得下的。正如費希特曾想把謝林哲學納入他的體系遭到了失敗一樣，把謝林哲學納入黑格爾哲學框架中的做法也是完全徒勞的。如果我們只注意到謝林哲學中的思辨而忽略其浪漫精神，

那麼我們完全不能說我們已經理解了謝林，如果我們捨棄謝林後期的神話啟示哲學而只談其同一哲學，那麼我們同樣不能說我們對謝林的理解是全面的。

當代，在人類日益感受到生態資源的破壞、環境污染、能源危機已嚴重地威脅到人類自身的生存處境時，當西方哲人普遍地感受到他們所經歷的這場空前的危機，實質上是一種意義的危機，即人對人之所以為人的根本價值與意義感到迷失的危機時，人們不僅對謝林的自然作為主體和人與自然應和諧相處的思想倍感親切，而且對謝林在歷史、神話、藝術甚至宗教哲學中的許多閃光的智慧更是洗耳恭聽。謝林的哲學已不再是「古典」的文獻，而早已成為一種「現代」的意識，時時叩擊著西方人那焦慮的心靈。謝林被稱為「隱姓埋名的現代人」，「他那看上去已被徹底遺忘並僅具有歷史意義的哲學，今天，在西方卻正經歷著一種獨特的復興過程」。在這種情況下，我們還能夠繼續平靜地默認我國學術界對謝林的忽視嗎？

謝　林

目　次

第一章　啓蒙與浪漫：謝林哲學的文化沃土

　　就德國古典哲學的研究者而言，對於德國聖哲們那恢宏深邃的思想，嚴密論證的邏輯，艱深晦澀的語言，奮進不止的精神，富於思辨的理性就足以驚嘆和折服了，但另一個奇特而又簡單的事實更能刺激研究者的好奇心，這就是：德國被康德引入哲學之路後，在短短半個世紀的時間裏，一大批震撼人心的思想家是如何像用魔法呼喚出來的那樣突然出現在德國國土上的？從此後，德意志民族總是那樣主宰著世界精神的潮流，讓那些帶著世界文化中心的自豪感的法國人不得不以驚訝的心情刮目相看，讓世界哲學界好長時間都以感恩之情簇擁著那生生不息的永恒的絕對精神！謝林，作爲這個羣英譜上熠熠發光的一顆恒星，也總是讓我驚訝地發問：德意志民族是如何孕育出他那推進潮流而又反叛潮流的獨特哲學之思的？

　　獨立地看那些具有非凡創造性的哲人和藝術天才，似乎都是天上掉下來的奇迹，從別個星球上來的隕石。但實際上，他們從來不是孤立的存在，在他們的作品中，我們總能分辨出相隔幾世的歷史的回響，我們更能從中見出其民族精神的強大後盾和其時代的文化面貌。因此，無論是哲學家還是藝術家，其思想的內在精神和作品的風格特徵無不與種族、環境和時代相關，這是19世紀法國史學家和批評家丹納（Hippolyte Adolphe Taine, 1828～1893年）在其《藝術哲學》中早已系統闡明的原理。這一原理

對於我們考察謝林思想個性的產生無疑也是完全適用的。

就謝林時代德國的文化精神而言，主要是源自啟蒙運動的科學理性精神。這種精神是歐洲近代之初文藝復興運動反對封建神學，擺脫教會教條的羈絆，力圖恢復人的價值和尊嚴，確立人在宇宙中的主體地位的人文精神的繼續。這種精神在16、17世紀自然科學提供的大量實證材料的基礎上，在 18 世紀的法國達到了高潮並形成了一種獨特的世界觀和思維方式。在這時，人們習慣地把那些以懷疑論或自然神論爲武器深入批判宗教神學，或從自然法權論出發批判封建專制制度，闡述社會政治理論，提倡大膽啟用理性、解放思想、破壞迷信的思想家稱爲「啟蒙主義者」。孟德斯鳩(Banon de Montesquieu, 1689～1755)、伏爾泰 (Voltaire, 1694～1778) 和盧梭等人，就是以對專制制度和宗教神學的批判而拉開啟蒙運動序幕的。他們在文藝復興以來的人文主義思想傳統上，進一步論述了人性和人道主義，並在人性論和理性原則的基礎上闡述了「自然狀態」和「社會契約」論的內容，提出了自由、平等、博愛的口號，制訂了資產階級民主共和國的理論，從而把資產階級的社會國家學說發展成爲完備的理論體系。這些理論和口號像《馬賽曲》那樣，成爲激勵人們向專制制度作鬥爭的號角，並對以後其他國家的資產階級革命產生深刻的影響。

18世紀法國唯物主義是啟蒙運動的重要階段。以拉美特利、(la Mettrie, 1709～1751)、狄德羅 (Denis Diderot, 1713～1784) 愛爾維修 (Claud-Adrien Helvētius, 1715～1771) 和霍爾巴哈 (D′ Holbach, 1723?～1789) 等人爲代表的唯物主義者，主要是以現實政治和宗教鬥爭爲依托，繼承英國經驗主義哲學傳統和笛卡爾物理學，借助自然科學的成就，著重研究了本體論問

題，建立起以自然觀爲中心的機械唯物主義哲學體系，從而爲無神論提供了理論基礎。這套哲學爲啟蒙理性的傳播起到了積極的作用，在反封建反神學的鬥爭中成爲非常有力的工具。啟蒙運動高揚了人類理性的大旗，這在歷史上功不可滅。但是，這種啟蒙理性是建立在當時最爲精確完備的自然科學成就——牛頓力學基礎上的，這也就不可避免地帶有其時代的固有不足。主要表現在用力學原理來解釋一切，把一切運動的形態都歸結爲機械運動，乃至把人也看成是以力學原理構成的機器，只不過比人工的機器更爲完善精緻一些，多幾個零件或彈簧而已。這種機械論的世界觀和追求客觀、明晰的數學式、定量式思維方式就不可避免地造成對人的內在生命力的遺忘和情感意志等價值要素的忽略。雖然法國啟蒙主義者也研究「人性」問題，但也只是從感覺論的角度把「自愛」、「自保」、「自由」看成是人的本性，從而在倫理學上使功利主義發展成爲較爲完整的理論體系。因而在啟蒙理性中，人儘管從神的奴役下解放出來，獲得應有的地位和尊嚴，但的確喪失了其內在的豐富性和情感的本眞性。因爲人類的自然情感、思維的靈性和對生命意義的感覺都不是數學式的推論和機械主義認識論所能明確決斷的，價值問題和情感問題從根本上說也決不是個認知問題，以科學和知性思維爲模式去解決它們只能是把問題引入歧途。

這樣一來，那些思想敏銳的思想家們就開始了對啟蒙理性的反省與批判。最早起來背叛這種啟蒙理性的是啟蒙主義的重要代表盧梭（Jean-Jacquis Rousseau, 1712~1778年），他在啟蒙思想家們尚在爲理性、文明、科學、進步而大唱讚歌之時，就敏銳地看出了近代科學文明的危害性，勇敢地對這種啟蒙主義的

意識形態進行了批判反省。針對理智、知識的增長和科學的進步這些啟蒙主義引爲文明的唯一希望，盧梭採取了截然相反的方向。在他看來，人的眞正本性並不在於少數有教養的人才具有的理性，而在於人所共有的情感。所以他發出了拯救人類自然情感的呼喚，主張離開社會，返回自然純樸的原始生活，並且認爲，人的價值不在於他有知識有智慧，能作明智的判斷和計算，而在於他有道德本性，這種道德本性本質上就是情感。後來，浪漫主義就把其思想來源追溯到盧梭這裏。

盧梭的這種浪漫思想萌芽，在當時的法國太不合時宜了，他的聲音顯得特別刺耳！他的近乎是「瘋狂」的思想必定在注重世俗享樂的法國生不下根來，而只在渴望超越的德意志民族發揚光大。

盧梭的思想對於德國思想家的影響力是無與倫比的，康德就明確地告訴人們，是盧梭使他學會了尊重人。費希特、謝林和黑格爾這些大哲學家們，無不受過盧梭的思想薰陶。當然，應該首先說明的就是，盧梭對於德國思想界的巨大作用，並不僅僅限於他的「浪漫」思想萌芽，更有其法國的啟蒙理性。這樣一來，從康德開始，德國哲學家們不僅承繼着法國啟蒙思想的優秀成果，而且自覺地對英法啟蒙理性進行深入的反省與批判，以期把它建立在更加牢固的基礎上並使之意義更加豐滿厚實。

首先我們應當看到的是，啟蒙運動作爲德國市民文化中的一次巨大的思想解放運動，與歐洲其他各國的主導精神是完全一致的。總的來說，不論是萊布尼茨（Gottfried Wilhelm Leibniz, 1646～1716 年）和沃爾夫（Christian Wolff, 1679～1754 年）的唯理論哲學，還是萊辛、席勒和歌德發起的文學革命，一直到由康德發起哲學變革，都與神學道德、宗教狂熱和偏執，以及欺

騙和愚弄人民的社會意識進行著堅決的鬥爭。他們為人們勇於啟用自己的理性，確立「自我意識」，獨立地作出自己的判斷而呼喊，強調了德意志的民族統一和民族主權思想的重要性。不同的是，德國古典哲學家們在繼承吸收其他各國啟蒙主義的觀點時，不只是認為社會進步的基礎在於改善理性、增加知識、根除謬誤和偏見以及抓住形式上的自由和平等，而必須以理論思辨的形式把啟蒙理性奠基於更堅實可靠的哲學基礎之上，從而最大限度地把啟蒙精神表現出來，引入人類精神的神聖殿堂，上升為一種恆久的哲學原則。這些思想家們以提高人的理性從而提高人的地位為己任，把他們的哲學理解為從人的理性觀念來考察世界，把世界理解為合乎理性的秩序，並廣泛深入地論證了人的理性的至上性和高度的能動性。他們以其特有的思辨形式充分表現出對人的價值和尊嚴的敬重，對人的理性能力的無限信任和對人的解放的不懈追求，從理論上完成了對全歐範圍內啟蒙運動的思想總結。

當然，德國啟蒙運動，由於它肩負著對英法啟蒙理性偏頗進行反思修正的任務，更由於德意志民族本身的文化傳統、時代背景和思維方式不同，因而具有其民族的特殊性。要弄清某人思想的產生，就必須首先追溯到其民族文化精神的這種特殊性。而要清楚地理解德國啟蒙精神的特殊性，那我們就不得不追溯到德國近代民族文化產生的思想基礎——路德新教上來。

馬丁‧路德（Martin Luther, 1483～1564 年）宗教改革本身就是一次巨大的「啟蒙運動」，它解放了人們的思想，使宗教擺脫了羅馬天主教會的統治。特別是他親自把《聖經》譯成德文，不僅使得人們運用自己的理解力獨立地理解聖經經文成為可能，而且對於德意志的民族意識和文化的統一作出了巨大貢獻。

他宗教改革的核心問題就是靈魂如何獲救？而非現世生活的功利或自由平等。他認爲，人具有雙重的本性，心靈和肉體，這也是基督教教義的基礎。就心靈本性而言，人被叫做屬於靈魂的內心的、新的人，是自由的；就肉體本性來說，人被叫做屬於外在的、舊的人，是受束縛的。路德認爲，內心的人，靠著無論什麼外在的「事功」或苦練修行，都不能獲得釋罪、自由和拯救，靈魂獲救的充分必要條件只能是內心的信仰。想就「事功」或苦修來使靈魂獲救，只是種迷信，一種愚蠢的想法，路德認爲，事功只須做到足以抑制情欲的程度，揚善避惡就行了。童身、守貧等誡律都是不必要的。他甚至說，誰若不愛美酒、女人和歌，他就終生是個傻瓜。應該說，路德的新教對於啓迪人們獨立思考，肯定人的世俗生活，肯定個人的權利、地位以及爭取個人的解放都起到了重大作用。在他這裏自由地思想從此便成爲人們的一種自然權力，人們既可發現完全沉浸於純粹精神領域的虔敬又能找得到對於現世生活中一切美好事物的感性讚美。思想的自由、靈魂和信仰的重要性實實在在地受到了莫大的重視，特別是後來在新教基礎上產生的虔敬派更把對靈魂、內在信仰的精神因素推向極致，導致了禁欲主義的生活觀。可見，雖然路德新教的局限性是明顯的，他破除了對權威的信仰，卻恢復了信仰的權威，他把人從外在宗教中解放出來，但又把宗教變成了人的內在世界。這既是他的不足，也是他的優勢，因爲正是在路德從封建神學和專制制度下爭取來的思想自由基礎上構建的精神的內在世界，塑造了後來德意志文化的民族特徵。

到 18 世紀中葉，一直在德國處於統治地位的萊布尼茨的唯理論哲學，就是把新教的自由思想的精神內在性同其理性思辨結

合起來，拋棄掉英法啟蒙哲學的經驗論基礎和注重此岸生活的實用的功利主義因素，大大強化了思辨的邏輯性和數學化傾向。因而在萊布尼茨這裏就確立了啟蒙理性的新的方向，把它從注重世俗、實用、功利的此岸引入到超世俗的「形而上」的彼岸。這種理性就不再像在英法那裏那樣，通過對宗教神學的批判而導致戰鬥的無神論，而是意在創立理性範圍內的宗教，讓人們確信由上帝的「預定和諧」來保證的世界的理性秩序。所以，同英法等國的啟蒙運動導致文化精神的世俗化相反，德國的啟蒙運動加上德國人特有的愛好思辨的傾向，就把人們的精神引向超世俗、超功利的超驗的內在性中。這可以說構成了德國思辨理性的第一個特徵。這樣，雖然由康德開創了震驚世界的哲學革命，它也仍然只是在思想、在精神上翻起驚濤駭浪，而不會像在法國那樣成為改造現實的政治革命。

康德早期通過對自然科學的富有成效的研究而接過了啟蒙主義科學理性精神，同時，又通過他所創立的「批判哲學」而使理性成為精神中永恆的太陽和唯一的法庭，世間的一切都必須在理性面前申明自己存在的權利，除了理性的命令之外，精神不受任何外在權威和其他觀念的束縛。由康德肇興的德國古典哲學正是這樣高揚理性而把啟蒙運動推向一個嶄新的高潮。康德作為這場哲學運動的導師和發作者，無疑為德國啟蒙精神的獨特性寫下了精彩的一頁。

康德的獨特性在於，一方面通過他的「批判」清理，把理性確立為真（知識論）、善（倫理學）、美（判斷力）以及社會歷史的基礎，使理性成為其哲學的核心和人類追求的至上目標；另一方面，他又試圖對英法啟蒙理性的困境進行反思和修正，其結

果，糾正了對理性能力的盲目樂觀自信，並通過對理論理性和實踐理性的劃分把啟蒙理性的認知能力限制在對世界進行科學建構的知性上，並把主體的能動性納入其中；同時又通過對實踐理性優先地位的強調（英法啟蒙理性只強調認識的優先地位），把人的自由置於體系的中心，並進一步發揮人的審美能力，把想像、天才、直觀等創造性力量推向了哲學的前臺，使理性重新具有其內在的超越性和在思辨中自滿自足的超世俗、超功利的純粹性。這些都爲克服啟蒙理性原有的困境提供了條件。

德國啟蒙理性的第三個特徵是在文學藝術革命中強調理性同感性相結合。在此領域中首先應提一筆的是德國啟蒙文學運動的發起者哥特舍特（Johann Christoph Gottsched, 1700～1766 年）。在18世紀以貴族爲首的德國上層社會和國王都以講法語爲時髦，而在哥特舍特周圍卻聚集了一批以講德語，用德語寫作的文學家，他們要求詩歌應表達感情（特別是民族感情）和具有突出理性的熱情。這種倡導文學的民族性和理性的思想在啟蒙盛期的萊辛（Gotthold Ephraim Lessing, 1729～1781 年）身上結出碩果，他要求建立德國的民族戲劇，演出充滿德國民族感情的作品，而不要摹仿法國戲劇的呆板程式。他寫的第一個德國市民悲劇《薩拉·薩拉遜小姐》具有反宗教反專制的意義。在萊辛的戲劇理論中，他明確地突出了理性原則，把理性看作是文學評論和文學創造的最高標準，把達到個性自由看作是作品要達到的最高境界。他還把啟蒙理性所要求的明晰和功利的標準帶進文學藝術，要求嚴格區分詩和哲學以及詩與畫（造型藝術）的界限。在德國啟蒙運動中萊辛占有重要的地位。

此後不久，18世紀四十年代，在德國出現了詩人克魯普斯托

克(Friedrich Gottlieb Klopstock, 1724～1803年)。他勇敢地站出來反對哥特舍特文學創作上的清規戒律，反對理性束縛，主張抒發友誼、愛情、自然和對祖國的感情。以他的「感性詩歌」（抒情詩）發起的這種「非理性的反抗運動」表明了德國啟蒙從理性到感性的轉折。赫爾德 (Johann Gottfried Herder, 1744～1803 年)、歌德 (Johann Wolfgang Goethe, 1749～1832 年)和席勒 (Friedrich von Schiller, 1759～1805 年) 開創和推動的狂飆突進 (Sturm und Drang) 運動正是這一趨勢的繼續和完成。這一文學藝術風景不僅對於康德從「前期批判思想」到「批判時期」的轉變因而對整個德國古典哲學、特別是謝林哲學和德國早期浪漫主義的產生均有直接的影響。

　　狂飆突進運動既具有反抗暴虐、反對封建專制、反對宗教權威的政治意義，又具有反抗啟蒙文學開創者固守陳規俗套的先鋒性，是青年人的自由精神反抗衰老的老年人思想的一次思想解放運動。因而可以說是啟蒙運動的繼續。他們這批充滿激情的知識分子，肩負著時代的使命，為德意志民族的覺醒而再次發出高聲的吶喊，他們渴望像「狂飆」似的從天而降的雷電、像戰士衝鋒陷陣似的迅猛「突進」，來衝決堵塞歷史前進的封建堡壘，打碎束縛人們自由思想的專制牢籠。他們呼喚著具有突出才能、智慧和膽識，勇於披荊斬棘的「天才」出世。這樣的天才是自然形成、追求個性自由、個人意志和個人理想的具有非凡創造力的人。他們強調情感但並不排斥理性，或者說他們排斥的是無情感的純粹科學的、邏輯的、機械的理性，因而強烈要求把情感融入這種理性之中。

　　綜上所述，德國啟蒙理性充分論證和闡明了理性的權威，特

別強調了人的地位和價值，它所注重的靈魂的內在性，思想的絕對自由，對世俗此岸的功利價值的超越，自我的能動創造性，藝術天才的自由意志以及對情感的強調，都使得它同英法等國的啟蒙理性區別開來，而孕育出一種在盧梭那裏就已萌芽的、與科學的啟蒙理性相對抗的另一個重要的文化運動：德國浪漫主義。

「Romantik」（浪漫主義）起初是個語言學上的概念，它來源於「romance」即羅曼斯語一詞，這是由拉丁語和古代德語方言混合而成的一種生動活潑的新的民間語言。浪漫主義作爲藝術的概念起初就是指運用活生生的、民間的語言（而不是死板的、古典的語言）所創造的全部藝術，是與古代的藝術相對立而言的。這一術語的廣泛使用是在18～19世紀之交，當時由施勒格爾兄弟提出並首先出現於他們從 1798 年開始出版的《雅典娜神殿》雜誌上。弗·施勒格爾是從「傳奇」（Roman）這一術語引伸出浪漫主義文學這一新的潮流的。斯達爾夫人很快地把浪漫主義這一術語移植到了法國，後來又流傳到歐洲其他各國。唯有英國的浪漫主義者對自己從未使用過這一名稱，只是後人才根據他們的藝術傾向用浪漫主義來稱呼他們。

「浪漫主義」在它剛產生時就因它迅速在各國流行而被用於不同的含義，而且一下從文學而擴展到其它的藝術門類：音樂（韋伯、舒曼）和繪畫（龍格、弗里德里希、科內利烏斯）。另外，浪漫主義還發展到政治經濟學（Ａ·繆勒）、語文學（格林兄弟）、神學（施萊爾馬赫）等領域之中，而謝林則被認爲是浪漫主義哲學的代表。

謝林和文學浪漫主義者的交往不僅是他生活中的一段富有意義的傳奇事件，而且對其思想特色的定向起到了關鍵作用，因而

我們必須對德意志文化中的浪漫精神也作一詳細的闡明。

就全歐範圍的浪漫精神而論，有兩個最為普遍的特徵，一是對科學理性的懷疑和失望，一是對社會現實的強烈不滿。就前者來說既有思想上的原因，也有現實上的理由。在思想上，正如我們前面已指出的那樣，近代的科學理性是建立在牛頓的機械力學基礎的，而且這時的科學家和哲學家都是擅長邏輯的，並為數學確立基礎的那些人〔如法國 17 世紀哲學家笛卡爾（Rene Descartes，1596～1650年）一方面建立了機械唯物主義自然觀，一方面又是解析幾何的發明者；德國的萊布尼茨是微積分的創始人等〕，因而數學式、定量式的思維方式成為解釋現實的主要方式。這樣就不可避免地用機械形而上學的觀點去看待一切，在那要求客觀、公正、準確而明晰的認識論框架中，人的主觀情感、信仰和意志都被忽略和排除了，從而造成對人的內在生命力的遺忘和本真價值的喪失。

浪漫主義傳播的時間，正是法國資產階級革命的上升運動已告結束，資產階級民主革命（1830 年的法國革命）再度興起之際。這時，歐洲社會意識的一個特徵就是對法國啟蒙運動理想的破滅。因為 1789 年的法國資產階級大革命正是在啟蒙運動的旗幟下醞釀、準備和實現的。這次革命，正如馬克思在《法蘭西內戰》中所描繪的那樣，像一把「巨大的掃帚，把所有這些過去時代的垃圾都掃除乾淨，從而從社會基地上清除了那些妨礙建立現代國家大廈這個上層建築的最後障礙」，因而贏得了渴望和爭取自由、平等的資產階級的普遍歡呼。就連德國的席勒、康德、謝林、黑格爾等美學和哲學家也無不為之歡欣鼓舞。可是，雅各賓黨人的鐵的專政和波旁王朝的復辟這些階級鬥爭的血腥事實，把

啟蒙思想家所奉爲「高踞於一切現實事物之上的唯一法庭」的理性變成了十足的非理性。革命後建立的「理性國家」——資產階級國家——本質上具有的階級對立、壓迫和剝削，成爲對自由、平等、博愛原則的無情嘲弄。這些事實不僅勾引出人們的沮喪情緒和對用革命手段改造社會的可能性的悲觀失望，而且使他們完全失去了對理性的確信。這不能不說是浪漫主義反抗資本主義「合理的」現實的社會原因。除此之外，資本主義社會還使人和人之間除了赤裸裸的利害關係，除了冷酷無情的現金交易就再沒有任何別的聯繫了。它把宗教的虔誠、騎士的熱忱、小市民的傷感這些感情的神聖激發，淹沒在利己主義的冰水之中。它把人的尊嚴變成了交換價值。爲了躲避這種嚴酷的現實，浪漫主義者就主張「回歸自然」，力圖躲進烏托邦式的理想境界，追求所謂完美的充滿詩意的人生和世界。這一點特別在所謂的「消極的」浪漫主義那裏表現得最強烈。

爲了逃避現實，浪漫主義把表現的對象都轉入到個人內心及其情感。從最狹義的和最本質的意義上來說，浪漫主義不是別的，就是人的心靈的內在世界，是隱藏在人的內心深處的生活。人的心胸包含浪漫主義的深奧本源，感情和愛情都是浪漫主義的表露和活動。當然，浪漫主義深入個人內心情感世界的目的仍然是爲了更廣闊地把握現實的客觀方面，儘管它只從陰暗的方面來揭示周圍的世界，但還是努力尋求和確立「理想」。這就是一般所謂「積極的」浪漫主義旨趣之所在。

在同現實的鬥爭中，浪漫主義強調個性（典型人物、傳奇故事、語言的民族性和詩性等）、天才和詩人的自由創造。弗‧施勒格爾說浪漫的詩是無限的和自由的，它承認詩的任憑興致所至

是它自己的基本規律，詩人不應當受任何規律的約束。這是一切浪漫主義（消極的或積極的）所共有的一個本質特點。

從這三個基本精神傾向來看，浪漫主義所實現的精神轉向表現為，從啟蒙主義的科學理性精神轉向了非理性的情感和意志；從致力於對外在現實世界的改造轉向了對個人內在的理想世界的建構；從功利價值轉向了審美價值；從邏輯、規範、求證、明晰轉向了想像、體驗、任意和神秘，如此等等，都可以看作是透過理性、邏輯、意識的表層而向著其本源的非理性、非邏輯、無意識的深層挖掘以揭示生命的本真價值的衝動。

由於西歐各國在經濟、文化、政治和哲學上的差異，浪漫主義呈現出五花八門的多樣形式。下面我們僅就德國浪漫精神作具體分析。

德國的浪漫主義藝術運動形成於法國大革命之後，鼎盛於拿破崙在法國執政和他失敗後的歐洲封建復辟時期，衰落於1830年法國七月革命推翻復辟的波旁王朝之時。從地域上看，在德國產生了三個獨立的、有著不同傾向的浪漫派，即耶拿浪漫派、海得堡浪漫派和柏林浪漫派。耶拿浪漫派更多地傾向於美學原理的探索，主張消除各門藝術間的界限，強調詩與畫、詩與哲學、詩與生活的合一。海得堡浪漫派則反對追踪古希臘羅馬，重視發掘民間文學，收集整理民歌、民間童話、民族傳說和歷史等等。他們整理「國故」的目的在於復興中古民族文化，復興德國的民族精神，恢復宗法制度的傳統愛國主義感情。因此，海得堡浪漫派的巨大作用不僅表現在文學範圍，而且還在於一般的公眾生活的巨大領域。柏林浪漫派突出的特點表現在卓越的創作成就和特色上。如艾欣多夫（J. V. Eichendorff）的作品雖然缺乏深刻的思

想，但沒有耶拿或海得堡浪漫派那種神秘陰暗的色彩和荒誕的哲學說教，他著力描寫明媚的自然、月色中的森林，謳歌誠摯的愛情和宗教。簡樸的語言充滿民歌風味。

　　儘管德國浪漫派也並不是一個特定的宗派，而是一種相繼出現的文學藝術運動，儘管他們在哲學素養和審美理論方面存在著諸多差異，但他們在精神氣質和稟賦上有著相通的共同性。這種共同性除了與前面所述的西歐一般的浪漫主義的一致性之外，還有下面三點屬於德國浪漫派獨有的特色。

　　第一，德國浪漫文學不僅僅像一般的浪漫主義那樣鼓吹通過回歸自然，返回內心來逃避醜惡的社會現實，而且還要求文學家對現實採取一種審美的、玩世的極端主觀化的「諷刺」(Ironie)態度。這種諷刺態度是一種借助於詩的語言形式對客觀現實的批判否定的情感性的思維方式和生活方式。由於詩的語言能夠有意識地打破日常語義的規範化的僵化呆板，從而使人無意識地超越日常的感覺方式，領悟詩人所呼喚出來的全新意義。所以通過詩的語言，浪漫的諷刺具有一種對現實的否定性力量，從而使之得到魔化的昇華。在這種諷刺中，一切都既應是詼諧的，又應是嚴肅的；一切都應是誠懇坦率的，又應是深懷若谷的。只有當生活的藝術感和科學的精神得到統一，當完成了的自然哲學和完成了的藝術哲學相重合時，諷刺才能產生，它之所包含著並激發出的感情，是一種完整傳達的無條件性和有條件性、不可能性和必要性的無休止的衝突的感情。它是一切破格中最自由的破格，因為借助於它，人們才能超越自己。與此同時，它又是最有規律性的破格，因為它是絕對必然的。這樣，諷刺就變成了一種絕對主觀的否定性創造力。與古典藝術強調再現生活相反，浪漫的諷刺是生

活的一種建構性力量，它摧毀了客體性的符咒，廢除世界的單一和刻板的「散文化」，而著力去建構一個詩化的理想的生活世界。這也就是他們所謂的浪漫的世界：否棄世俗的、功利的東西，消除客觀的、經驗領域的自律性，超邁飄灑，不沾滯於物，不為庸俗的習慣勢力、包括傳統道德以及合理的社會分工所左右。只不過這種浪漫化的世界，在德國不同的浪漫派那裏所選擇的基礎不同罷了。耶拿浪漫派主張在語言的或神話的詩中，海得堡浪漫派則試圖以復古中世紀的「歷史之詩」，柏林浪漫派卻只是在直接的「自然之詩」中來表達人生的詩意，這種人生的詩意理想都是立足於個人的而非社會的。

第二，與「諷刺」的徹底主觀化相適應，德國浪漫美學極端強調內省的自發性和神秘性特點，從而導向了對非理性的狂熱崇拜，並以此來反抗啓蒙理性強調的理智地反思。海得堡浪漫派的代表人物阿爾尼姆（B. V. Arnim）寫道：「我的靈魂是一個熱烈的跳舞者，它按照內心的舞曲跳來跳去，這種舞曲只有我一個人能聽見。所有的人都高聲叫我安靜下來……但我的靈魂舞興正酣，不會聽到，而一旦跳舞停止，我的末日也就到了。」❶諾瓦利斯說：「內省是一種神秘的方法」。他還把科學置於詩的對立面，說：「詩人比科學的頭腦更好地理解自然」，並把「想像的規律」與「邏輯的規律」對立起來。詩的創造本身被德國浪漫主義者看作是非邏輯的過程，諾瓦利斯寫道：「大師的作品由於畫龍點睛的任何一筆而脫手了……在作品應當成爲全部存在的這一瞬間，與其說大師成了作品的創造者，不如說他成了某種更高力

---

❶ 轉引自〔美〕科佩爾·S·平森：《德國近現代史》上冊，頁66，商務印書館，1987年版。

量的無意識的工具和所有物。」❷德國浪漫派宣揚本能、無意識
和非理性，使得他們超越現實的「渴慕」心理（Sehnsucht）一
方面就特別地眷戀那些不能達到的、已失去的、無可挽回的、
正在消逝的幻想和夢境中的事物，另一方面則追求絕對詩意的眞
實，正如諾瓦利斯所言，越是富有詩意的就越是眞實的，這是其
哲學的核心。這就明顯地同盧梭的浪漫思想區別開來。盧梭雖
然同啟蒙主義者和百科全書派的理性主義極力抗爭，認爲理性在
解決人性問題以及情感道德問題、甚至社會問題時已處於危機之
中，但他仍然是追求一種社會的理性理想。雖然他也曾主張「回
歸自然」，但他認爲他所描繪的那種純粹自然狀態也許從來就沒
有存在過，因而與其說是歷史的眞實，不如說是爲了讓人們正確
地判斷處於「社會狀態」或「文明狀態」中的人的現實處境所需
的一種「假設」。他的目標還是致力於設想一個能把自然狀態和
社會狀態的好處結合起來的、有道德理想的眞正自由平等的民主
共和國。德國浪漫派放棄社會理想，批判一切倫理道德，取消一
切社會生活規範而專門執著地去追求個人內在的非理性的詩意世
界，就必然使得德國浪漫精神顯得十分深沉、內向、含蓄而陰
鬱。

　　第三，從自然崇拜上升到宗教虔誠。整個浪漫主義者都深切
地感受到現實與理想的激烈衝突和對立，力圖超越於不和諧的現
實生活而進入浪漫的理想世界。但是，由於英國的經驗主義哲學
傳統和法國以感覺論爲基礎的機械唯物主義，特別是法國啟蒙主
義者對宗教的強烈批判而導致的戰鬥無神論的影響，使得英法的

---

❷　《自然・藝術・神話——謝林哲學論文集》，頁 130、133，1978
　年，德文版。

浪漫主義者都只是立足於「此岸」世界來實現對現實的超越。其中所謂積極的浪漫主義無非是寄望於社會的改變和歷史的進步以實現人類的更高理想，而在這種理想破滅之後所謂消極的浪漫主義則只有逃向自然的詩意感懷和藝術的沉醉，即使在逃避現實時也表現出對感性現實的依戀。只有德國的浪漫主義借助於德國的新教神秘主義傳統，才在先驗唯心論哲學中找到了超越現實、有限、現象、必然而進入理想、無限、本體和自由的途徑。因此，德國浪漫主義的創作普遍地反映出了他們對「彼岸」、「來世」的追求和狂熱而虔誠的宗教情感。諾瓦利斯要把他對愛的痛苦轉變為對死的渴望，「有限」的塵世生活是向著「無限」的死亡的過渡。他們不只是認為轉入基督教的上帝之邦才是「無限」，而且認為愛情同樣是對無限的追求。因此他要根據人性的要求寫一部「新聖經」，提出一種「新宗教」。諾瓦利斯皈依了天主教，艾欣多夫也是個虔誠的天主教徒。總之，德國浪漫派以超驗直覺和宗教情感的方式解決有限個體生命向著無限的超升問題，這構成了它區別於英法浪漫派的一個重要特徵。

　　德國浪漫主義美學的上述三個主要特徵，都可以在德國古典哲學中找到其理論的基礎或者相應的哲學表達。與第一個特徵相應的是，德國古典哲學家對主體自我的能動性和創造性的強調，與第二個特徵相應的是古典哲學家對天才、靈感、藝術想像和直覺、審美無意識的強調；與第三個特徵相適的是古典哲學家對超驗性領域的保留和重視。由此我們將看出，把整個德國思辨哲學，特別是謝林哲學歸入德國浪漫主義運動的一個重要組成部分及其哲學表達，完全不是什麼危言聳聽，而是其內在精神的一個重要方面。

　　總之，西歐浪漫主義是對18世紀啟蒙主義的科學理性思潮、社會理想及其工業文明的有意識的背叛。這裏理性思潮不外乎根據全部表面價值接受科學思想，而且在那擅長邏輯、崇尚理性的樂觀自信的刻板思想中，掩蓋和遺忘的恰恰是對人來說至關重要的生命力衝動。反之，浪漫主義崇尚自然，不僅因為「自然界的重要事實逃脫了科學方法的掌握」（華滋華斯），而且在於他們在自然表面的美麗而和諧的寧靜中發現了那生生不息的強大生命力的不竭的源泉。他們突出地要表現那激蕩人心的情感，呼喚人間眞誠的愛心，推崇「詩」的巨大作用，原因不僅僅在於這些東西超出了理性和邏輯的把握之外，而且還在於，只有這些才是我們感知外界的靈性的依據，是人類生活的重要支柱。因此，只有它們才眞正地是原始的具有創造性的力量。它們之所以與人生命攸關，乃在於，如果失去了它們，人生就會變得如同邏輯公式般的抽象而單調，社會將失去創造的源泉，生活也就不可避免地失去了意義與價值。浪漫主義反作用浪潮是爲價值而發出的一種抗議，是衝破科學、理性、邏輯和在此基礎上抽象思辨而返回於內在生命力的一種生存論上的突圍。

　　所謂浪漫主義的生存論突圍，簡單地說，是指浪漫主義一反啟蒙運動所推崇的科學、實用、規範、理性的社會理想，而突出地強調個人內在的生命價值和意義，從而去著力建構一種自然的、情感的、審美的詩意化超世俗的生活世界。這種生存論突圍之所以與德國古典哲學有著緊密的血緣關係，是因爲這些哲學家們的思想或者從傾向上與浪漫主義從知識論轉向人生的價值論有著內在的一致性，或者他們在向思辨的邏輯、概念的底層發掘和追溯其本源的創造性，以便賦予思辨一種原始的自我運動的生成

結構的過程中，爲浪漫主義生存論突圍所需的那些意志、情感、想像、體驗、直覺等無意識的內在生命力提供了哲學的證明和基礎。

謝林和浪漫主義一樣，對法國革命及其哲學的基礎——啟蒙主義的科學理性精神——進行了批判性審查，他所發展出來的理智直觀和審美直觀的方法改變了理性主義重邏輯、重推理的概念式的思維方式，而轉向了無意識的直觀和不帶功利的審美。他以這種方式把宇宙變成了詩，又進而以詩來改造日常的「散文化」的生活。因此，他的哲學與其說是爲對科學認識奠立基礎，不如說是爲詩意化的生活設定浪漫化的前提。謝林對世界的這種詩意構造與冷靜的科學分析是對立的。海涅曾經這樣評價他與費希特的差別：

> 他和費希特有所區別的正在詩上，但詩既是他的所長，也是他的所短。費希特只是哲學家，他的威力在於辯證法，而他的長處在於論證。然而這卻是謝林先生薄弱的方面，他更多地生活在直觀之中，在邏輯的冷冰冰的高處他覺得不自在，他高興在象徵的花谷中到處奔跑，他的哲學的長處在於構成。但構成卻是一種在平凡的詩人當中和在最好的哲學家當中同樣可以經常找到的精神能力。❸

因此，正像浪漫主義是對啟蒙運動的反動一樣，謝林轉向自然哲學，也是對「先前的抽象的精神哲學的一種反動」。

---

❸　海涅：《論德國》，頁331～332，商務印書館，1980年版。

　　謝林崇拜自然，努力在自然中發現一切詩意的或創造性的源泉，使他同浪漫派緊緊地連在一起，並成爲「早期德國浪漫派的精神領袖」❹；　他力圖消除哲學與詩的界限並使之融合起來，成爲他同浪漫派共同的精神追求，以藝術、神話爲中介的審美態度去克服功利的世俗世界的散文化，以建構一種理想的詩化世界，是謝林和浪漫派共同的思想方式和追求；邁入宗教的彼岸世界，在那裏尋找已經失去的和不可挽回的「黃金盛世」，是謝林與浪漫派的共同歸宿。因此，我們完全有理由說，謝林哲學就是浪漫主義的哲學表達。

　　當然，我們應該同時看到，謝林同浪漫派之間仍然存在著極大的差異，除了在語言表達上的差別外（即浪漫派一般是通過文學作品形象地表達，而謝林是在哲學中思辨地表達），在觀念上也存在著如下幾種差別：

　　（a）在崇拜自然問題上，浪漫主義者幻想與自然融爲一體，而謝林把自然從屬於知識論，試圖解決的是認識問題，儘管採取了一種鑑賞的態度。

　　（b）謝林除後期天啟哲學明顯地反理性外，一般地並不反理性，而只是反對康德、費希特的執著於分離和有限的知性，他的目的乃是要建立一種揚棄知性分裂的絕對理性。只不過（謝林）通過直觀、審美和靜觀把這種絕對理性無意識地轉入了非理性，但浪漫主義則自始至終地帶有強烈的反理性特徵。

　　（c）謝林儘管最終並未建立一種包羅萬象的哲學體系，但他卻從未放棄過建構體系的努力，而浪漫主義則恰恰排斥嚴整有序

---

❹　同❷。

的思維這種觀念本身。

（d）浪漫主義者對宗教充滿了景仰之情，認爲只有在宗教中才有個體永恒的超越，而謝林只有在後期才完全轉向宗教，而在早期卻尙未擺脫啟蒙主義者對宗教的懷疑態度。

鑒於這些差別，我們認爲，謝林的浪漫精神仍然有著理性的基礎和形式，只不過，在後期隨著他思辨的科學理性精神的喪失而完全使思辨淹沒在浪漫主義的非理性的宗教情感中了。而這種轉向只不過是他不斷地深化其超越純粹的思辨而傾向於實現生存論突圍的表現。

第二章 繼承與創新: 輝煌人生中的思想之路

在古老的德國版圖上，有座小巧玲瓏的文化名城，叫萊昂貝格（Leonberg）。從前，如果從這裏坐馬車去符騰堡（Wirtem-berg）公國的首府斯圖加特（Stuttgart），至少得花三個多小時，而如今它卻只是個大城市的中心而已。雖然如此，這座小城卻由於它曾養育了一些頗具世界意義的名人而不斷地被研究者提起，本書的主人翁弗里德里希·威廉·約瑟夫·謝林（Friedrich Wilhelm Joseph Schelling, 1775～1854 年）就是為此城增添不少光彩的人之一。他於1775年 1 月27日誕生在萊昂貝格，今天被稱之為普發爾大街（Pfarrstrape）14號的房子裏，家人稱他為「弗里茲」。弗里茲雖是這個家裏的第二個孩子（在他之前有個早夭的男孩），但卻得到了家人最多的寵愛。他還有一個妹妹和三個弟弟：高特利勃、奧古斯特和卡爾，但沒有一人在名望和成就上能與弗里茲相比。弗里茲的父親，約瑟夫·弗里希·謝林（1735～1812年）當時是萊昂貝格城教會的執事，神學碩士，他很有教養，熟知多種古代語言，以東方文化研究著稱。他還立足於新教傳統從事著《聖經》文本的批判研究和解釋，在事業上可謂是超羣出眾、功成名就。在逝世時，成為符騰堡新教教會的五個最高的主教之一。

謝林的母親，哥特麗賓·瑪麗·克列斯（Gottliebin Maria Cless, 1746～1818年）出身於新教傳統的知識分子家庭。像她的

丈夫一樣，她總是以新教的自由精神來教育他的兒子，這與整個萊昂貝格這座具有濃厚新教基礎的文化氛圍是一致的。這種精神正如當時最爲著名的新教代表人物克里斯托弗・弗里德里希・奧依廳格（Christopf Friedrich Oetinger, 1702～1782 年）所主張的那樣，它不僅僅是在個人靈魂內在得救的問題上自由思想，而且也要研究自然界和社會問題。雖然奧依廳格在謝林七歲時就已去世，但成年的謝林常在其父親的藏書裏找到他的著作來讀。這種精神在謝林思想的個體生成史上具有重要的意義。

　　不過，萊昂貝格並沒有給幼小的謝林留下什麼印象，在他才兩歲時，就隨家遷到了貝本豪森。這倒是個風景如畫的地方，自然景觀與萊昂貝格高聳的教堂形成了鮮明的對照。謝林喜歡在周圍的山間漫遊嬉戲，野徑叢林裏留下了他無數的歡歌笑語。自然總能以其秀美的特色吸引著少年謝林驚嘆的目光和全身心的投入。正如他後來回憶時說道：「大自然的確美妙絕倫。我總是對造物主在這些荒郊野嶺上所創造的奇迹驚嘆不已。」

　　物華天寶，人傑地靈。崇尚精神自由的新教傳統和充滿靈性的大自然，孕育出一個絕頂聰明的謝林。他六歲入學，八歲開始學古文，十歲時進入紐丹根拉丁語學校。進校一年多時間教師就宣布這個孩子對各門課程已經相當熟悉而用不著在這個學校繼續學習了。在隨後的幾年裏，謝林又掌握了希臘文、古希伯萊文和阿拉伯文，並能用以上語言寫詩，他廣博的知識不僅令同齡人的家長讚賞不已，他那才氣橫溢的寫作才能更令大人們稱道。年僅十五歲，他用德語爲悼念一位新教牧師的逝世而寫的詩篇，就刊登在斯圖加特的《觀察家》雜誌上，該雜誌編輯部對這位少年作者寄予了很高的期望，希望他繼續提供佳作。

　　就謝林這時的知識水平而言，被普遍認爲早該進大學深造了。可是按當地的法律規定，只有年滿 18 歲的人，才能享受高等教育的權利。謝林的父親只得爲自己的兒子提前入大學而四處奔波，費了九牛二虎之力，終於在他的摯友、東方學家施努黎爾（ch. F. Schnurrer, 1742~1822年）的幫助下，獲得了特許，於1790年10月進入了圖賓根神學院學習並得到一筆獎學金，住在神學院宿舍裏。這樣，15 歲的謝林，就成爲當時最年輕的大學生了。在他同一個宿舍裏，當時恐怕誰也沒有預料到，竟同時住著三位後來對世界文化史產生巨大影響的思想巨人，另外兩人，一是哲學家黑格爾，一是詩人荷爾德林（F. Höelderlin, 1770~1843年），他們均是比謝林大五歲的師兄。三位偉人是同住一室的學友，這在世界史上的確是罕見的。按理說，這應是圖賓根神學院的永恒榮耀。不過，細心的讀者一定會問，這所大學是否爲天才的成長提供了特別有利的條件呢？回答是完全否定的。這裏完全是一閉塞之地，半營房式的修道院，光是嚴格刻板的校規就足以讓學生們討厭了。但最讓人容忍不了的還是這個學校思想保守、僵化，教授們庸庸碌碌、冥頑不靈。對於社會上出現的新思想、新動向，他們置若罔聞，只要求學生們對《聖經》教義死記硬背並把他們的陳腐解釋奉爲「經典」。因此，學生們對授課極爲不滿。

　　大學生在此校的學習期限一般爲五年，在頭兩年必須準備碩士論文的考試，這與我們中國現行的學制完全不同。獲准通過畢業的專業課程有：邏輯學、形而上學、道德（包括法律）、物理學、數學、語言（希伯萊語、希臘語、拉丁語和東方語言）、歷史、雄辯術（Eloquenz 即修辭學和口才學 beredsamkeit），還

有詩學。碩士學位考試是隨後幾年繼續研究神學的條件。在18世紀，這種考試的流行方法是就某個教授撰寫的一篇書面文章對應試者進行答辯。由於謝林在少年時期就熟練地掌握了多門語言，這些語言是深入研究《聖經》內容所必需的工具。因此他正如魚得水，不僅很快擴充了自己的知識面，而且成爲古希伯萊語的行家。《舊約》和《新約》是他最感興趣的，其他課程對他均無困難。他總是才華出眾，勤奮好思，埋頭苦學。在學業記分册的「才能」一欄裏，他總是得「felix」即「五加」。這是當時的最高分數。黑格爾和荷爾德林只得「bonum」即「五分」。由於謝林的才華出眾，在進行碩士考試答辯時，他又作爲例外情況准許使用自己撰寫的論文（黑格爾和荷爾德林都不曾破例）。爲了這一破例，謝林沒日沒夜地埋頭於寫作，只用了幾天時間就完成了一篇題爲「對有關人類罪惡起源（按〈創世紀〉第3章）的古代箴言進行批判闡釋的嘗試」的論文，而且是用拉丁文寫的！　其中引用了許多希臘文和古希伯萊文的原始資料，表明作者對於古代和近代（萊辛、康德、赫爾德）文獻相當熟練，運用自如。這篇論文顯露了謝林的思辨才華，他把《聖經》中有關原罪的故事當作哲學神話來解釋，把宗教教義理解爲歷史形成的東西。這既與正統神學觀念相對抗，同時也與啓蒙思想家把神話看成人類理性的錯誤或純屬臆造的觀念大相逕庭。他認爲，神話乃是一種承自父輩並因其長久流傳而轉化爲民族精神、性格、習俗和規約的東西。這種東西往往構成民族的凝集力，賦予人類羣體以「和諧統一」。因而，無論自然科學對自然現象的說明取得何種程度的成功，神話也不會消逝並能長久保持下去。在這篇論文中所反映出的「歷史」概念，對於「生成」（werden）、「過程」的認識，表現謝林

完全是站在萊辛、赫爾德以及意大利人文主義哲學家維柯（Gi-ambattista Vico, 1668～1744 年）等人的歷史觀和發展觀基礎上的。這篇論文得到了院長施努黎爾教授❶的高度評價：「我對你初次顯露出來的才能和淵博知識表示祝賀，我確信你還有巨大潛力，學術界有理由把自己的希望寄託在你身上……你應當沿著你已有良好開端的道路繼續前進，繼續發展上帝賜與你的出色才能。」

謝林順利地通過了碩士答辯，這篇論文連同施努黎爾教授的評語一道，很快在當地出版社出版了。隨後，謝林又不負眾望，把論文內容加以發揮完善，寫成〈論神話、歷史傳說和古代箴言〉一文，發表在 1793 年的《記事報》（*Memorablien*）上。文筆生動活潑，如同赫爾德的文風，引人入勝。

圖賓根學生時代的成功，除了謝林天生聰明和從小所受的新教自由思想的薰陶外，對他影響最大的事件就是法國大革命，對他影響最大的哲學家就是康德。

從符騰堡到法國邊界只有咫尺之遙，那裏的暴君被送上了斷頭臺，而德意志卻仍是封建專制！年輕人的目光早已隨著自由、平等、博愛的旗幟在飄揚，而內心卻燃起了精神的聖火。這精神的聖火是由盧梭的自由民主思想和康德的理性批判精神點燃的。斯賓諾莎（Spinoza, 1632～1677年）的著作和席勒的《強盜》均是大學生們競相傳閱和熱烈討論的內容。相傳謝林把同學魏采爾（Auqust Welzel）從法國帶回的《馬賽曲》譯成德文並參加了

---

❶　施努黎爾（Ch. F. Schnurrer）這位謝林父親的老朋友，曾為謝林入圖賓根神學院出過大力，自 1777 年起他成為該學院的院長。此人思想開明，學問高深，講課極受學生歡迎，贏得師生們的普遍尊敬。

由魏采爾發起的政治俱樂部。此事激怒了一貫強硬地壓制思想自由的卡爾・歐根（Karl Euqen, 1728～1793年）公爵，他於1793年5月親臨圖賓根處理此事，謝林毫不示弱地拒不認錯。事後謝林父親拜託施努黎爾從中斡旋，才未被神學院開除。

這次風波雖然過去了，但思想自由和理性批判的精神卻不會隨之消逝。謝林把精力放在對康德原著的鑽研上，此外，舒爾茨（Schultz），對《純粹理性批判》的〈詮釋篇〉也是謝林潛心閱讀的重要文獻，在他的這本私人藏書上，人們發現他第一次讀完此書的時間是1791年3月23日，當時謝林年僅16歲。不僅如此，謝林還積極參加康德後繼者們所進行的哲學爭論。他比較了賴因霍爾德（K. L. Reinhold, 1758～1823年）、邁蒙（S. Maimon, 1754～1800年）和貝克（J. S. Beck, 1761～1842年）等人的著作，加深了他對康德的理解。人們會發現，謝林在早期哲學創作中，不僅沿用了康德對理論理性和實踐理性的劃分，而且把「先驗唯心論」作為最為重要的哲學思維方式之一，甚至在他的成熟著作《先驗唯心論體系》中研究了從理論理性的知識論，經過實踐理性的歷史哲學和自然目的論一直到綜合兩者並完成哲學體系的藝術哲學這一過程。這明顯地是在康德三大批判內容基礎上以動態結構對康德三大批判的重新建構和理解。在此意義上，沒有康德就沒有謝林。然而，康德並不是答案，而是一切問題的起點。

在康德的起點上，力圖把哲學向前推進的不只謝林一人，而是有一大批學者，其中的佼佼者應首推費希特（Johann Gottlieb Fichte, 1762～1814年）。他繼康德之後更加著重探討知識問題。與康德僅在「理論理性」範圍內研究知識論不同，費希特把知識的問題看作就是哲學本身，並把自己的哲學稱為「知識學」，看

成是對康德哲學的忠實繼承。但同時，費希特又認爲，康德哲學作爲科學體系是成問題的，因爲它沒有解決理論理性和實踐理性、本體和現象、自由和必然之間的二元分裂。人的認知能力、情感能力和欲求能力尚未統一起來。因而，知識學是對康德體系的科學化，它要成爲一門具有系統形式的科學。在費希特看來，這門具有科學系統形式的學說，必須成爲像歐幾里得幾何學那樣的公理系統，它所依據的那個最高原理或絕對第一原理必須是絕對確實的，是一切確實性的基礎。所謂的「絕對確實」就是由於它純粹的自身等同。這樣一來，費希特就在「先驗自我」中發現了這個「絕對確實」的第一原理，因爲「先驗自我」在一般的「自我意識」的意義上講，也就是意識和存在的自身等同，即自我意識到它自身，它自身便爲意識呈現出它的存在。這裏區分出作意識的自我（主體）和被自我意識到的自我（客體），並在此基礎上強調二者的絕對同一性。這種方法實際上是自笛卡爾以來的唯理主義思辨哲學慣用的思辨形式。費希特的創造性表現在，他不僅僅是從主觀意識的角度來設定自我的同一性，而且把康德實踐自我的行動能力作爲設定先驗自我確實性的依據，即把自我的「本源行動」看作是它的本質。這樣一種行動，也叫做「事實行動」（Tat-handlung），就是說，由於其行動而同時造就其自身的存在，在行動中成爲行動的產物（事實）。它既是行動者，同時又是行動的產物。只有這樣的自我，才能具有設定一切、創造一切的絕對性，也只有確立了這個絕對行動著的自我，人類意識、自由、道德乃至整個世界才具有一元論的基礎。因爲既然自我與非我的分裂，是自我原始活動的產物，那麼這一活動的目的也就是使非我重新同一於自我，使經驗的有限的自我返回於超驗

的無限的自我，這樣，個體才能擺脫感性因果世界，達到超時間的永恒自由。

費希特的這種學說，對於謝林和後來的浪漫主義者都有很大影響。謝林一開始就是在費希特開闢的這一方向上研究和革新康德哲學。因此，學術界認為在謝林思想形成史上有個「費希特時期」。這個說法是值得商榷的。一方面，必須承認費希特在這時的確對謝林產生了很大的影響力，就在 1793 年底和 1794 年，費希特創立其「知識學」體系的關鍵時期，謝林的確是以費希特為出發點的，這在下面三部著作裏能反映出來：《論一般哲學的可能形式》（1794）、《自我是哲學的原則或人類知識中的無條件者》（1795）、《關於獨斷主義與批判主義的哲學通信》（1795）。但另一方面，人們肯定會看出，謝林上述著作出版的時間和費希特論述其新體系的第一部著作《論知識學或所謂哲學的概念》（1794年 4 月底交稿）幾乎是同時的。當然，這樣說的意思絕不是無知到要否認費希特知識學的「在先性」影響，而只想說明費氏對謝林發生影響的時間是極短暫的。據資料記載，謝林第一次見到費希特是在1793年的 6 月，因為這時，費氏在歌德的舉薦下要到耶拿大學接替萊因荷爾德由於調動而留下的哲學講席。按照安排，費希特在正式接替這一職務之前先到蘇黎世舉辦知識學的講座。這次會面實際上是由於費希特在去蘇黎世途中在圖賓根轉車而受到青年學生們的熱情歡迎場面。在這幫「追星族」中除謝林外，還有黑格爾和荷爾德林。而謝林真正地直接聆聽費希特知識學體系講座，則是在 1794 年 5 月，後來這個講座提綱出版後，費希特就馬上寄給了謝林這位年輕的仰慕者。從時間上推算，從謝林正式接受費希特的知識學到他自己《論一般哲學的可能形

式》一書的出版只有三個月左右的時間。謝林這種知道多少就能馬上接受多少的快速反應能力，爲他迅速超越費希特提供了先天基礎。所以，晚年謝林在家中接待俄國著名作家屠格涅夫 (NBaH CepreeBHy Typre HeB, 1818～1883) 時，否認他是費希特的學生，說：「僅僅聽過他的一次講座而已❷。」這並不是毫不講理的狂妄。至於當時，謝林對於自己是否超出了費希特，心裏是不清楚的，我們將在第四章裏詳細比較他同費希特的區別和對立。

1795年，謝林從圖賓根神學院畢業後，遵照他父親的安排在斯圖加特擔任里德賽男爵兩個兒子的家庭教師，並於1796年4月隨這兩個貴族青年遷移到萊比錫。在這裏，謝林少年時期對大自然的強烈熱愛轉化爲對自然的知識渴求。他一方面繼續研究康德和赫爾德的自然哲學，另一方面大力學習和研究數學與自然科學，聽了許多物理學、化學和醫學的課。這樣，他對自然的研究很快又結出了豐碩成果。1797 年春就出版了他的《自然哲學觀念》，1798年又出版了《論宇宙靈魂》。這些自然著作不僅使謝林受到了哲學界的重視，而且博得了自然科學家施泰芬斯 (H. Steffens, 1773～1845年) 的擁護和歌德的賞識，同時，諾瓦利斯和施勒格爾兄弟這些以後的浪漫主義首領也密切關注著謝林充滿詩意的自然觀。

正是基於這些成就，謝林不願繼續擔任家庭教師，而想在大學裏謀求教職。他父親曾爲他在圖賓根和斯圖加特謀求過神職，但謝林都回絕了。他心中的目標是想進入耶拿。此時，在耶拿大學的費希特極力舉薦，另外還有謝林的老鄰居，比謝林大十四歲

---

❷　Steffen Dietzsch:《弗里德里希‧威廉‧約瑟夫‧謝林》，頁41，萊比錫，1978年，德文版。

的鮑魯斯 (F. E. G. Paulus, 1761～1851年) 的鼎力相助。但事情辦得卻不順利。此時，同鄉席勒也在爲謝林出謀畫策，想請魏瑪宮庭的最高學術權威歌德出面，因而，席勒在自己家中安排了他們的會面。起初，歌德對謝林的《觀念》一書並未留下好的印象，他認爲謝林有關自然的觀念只不過按費希特精神進行的時髦思辨而已。在寫給席勒的信中說：「有關謝林的書，我要指出，不能指望從這種新哲學那裏獲得什麼幫助。」但後來讀過謝林的《論宇宙靈魂》後，改變了他對謝林的看法，在書中，謝林把自然界看成一個生生不息的具有創造性的整體的觀點，架起了通往歌德的心靈之路，自然界的生成、創造、靈性都是歌德所尋求的。5 月 28 日在席勒家中的會面，使雙方都感到了愉悅，第二天，他們在一起高興地做起光學實驗來了。然後，歌德寫信給魏瑪公國教育大臣弗依格特 （Voigt） 推薦謝林出任耶拿大學的哲學教授，信中說：「茲推薦謝林博士到此間任教授，我認爲他很適合於執教。」爲了讓這位大臣放心，歌德還特意說：「在他身上決不可能看出有什麼過激派的模樣，我相信，他將給我們帶來光榮並對大學起到有益作用。」

歌德的舉薦很快就有了結果，弗依格特既沒有同大學當局也未同其他選帝政府商洽，就把此事當作既成事實做了個報告就解決了。所以，1798年 7 月 6 日，謝林便收到了邀請他去耶拿任教的信：「高尚的、特別尊敬的教授閣下！」這一稱呼就足以讓謝林高興的了，這意味著他不經過資格論文答辯也不經過副教授階段，便要成爲年僅 23 歲的教授了。不過，在這個以前未敢相信的東西終於要在眼前變成現實時，這位年輕人卻猶豫起來了。其中一個重要的原因，就是他三年前還是那裏的學生的圖賓根神學

院，現在也有意聘請他爲教授，而且是編內教授職位，有固定教授薪俸。而在耶拿大學則只是編外教授（即編制外，不由校方付薪俸，按課時向學生收費）。

編外就編外吧，總比窒息在圖賓根那愚昧無知的氣氛中要好。謝林終於在8月初決定去耶拿。因離下學期開課還有一個半月時間，他被邀去德累斯頓度夏末。

8日，謝林離開了萊比錫的里德塞公爵家，在德累斯頓等待他的，不僅有施勒格爾兄弟、卡洛琳娜、諾瓦利斯、費希特，還有極其豐富的藝術品和難以描繪的自然美景。在這裏他們飽覽了著名的美術館、畫廊，激發了對藝術史的濃厚興趣。這幾個星期的短暫聚會，不僅對形成耶拿浪漫主義小組，而且對於施勒格爾浪漫美學觀的「自然」轉向，都起到了重要作用。其中起關鍵作用的，一是諾瓦利斯，一是謝林。早在一年前（1797年）的1月30日，施勒格爾就寫信給友人說：「如果您還不認識謝林，那麼您切勿錯過結識他的機會。在哲學的帕納塞斯山上（希臘神話中太陽神和繆斯的靈地），我認爲他是與費希特並駕齊驅的。」在這次聚會之前，諾瓦利斯也告訴施勒格爾，說他「作了一個有意思的發現，發現了可見宇宙的宗教。你不會知道宇宙延伸得有多遠。我相信在這一點上遠遠超過了謝林。」由於謝林這位年輕的自然哲學教授的到來，不管是諾瓦利斯的「宇宙宗教」，還是「物理學施勒格爾主義」的自然崇拜，都浩浩蕩蕩地湧向了謝林自然哲學詩意的海洋。自然哲學成爲這次聚會集中討論的主題。在這首次會面之後，謝林同這些浪漫主義者建立起友好情誼，特別是在1799年春出版的《自然哲學體系初步綱要》，促成了他們之間關係的進一步密切。

要弄清謝林和浪漫派之間的思想關係，誰先影響了誰，這是困難的。他們在許多觀點上具有共同的信念和追求，在許多方面又有著重大的分歧，但總的說來，他們之間是相互影響，相互爲對方提供靈感。但由於謝林是從哲學思辨方面來闡述和表達其關於自然、藝術、人生等方面的浪漫精神的，較之於其他的浪漫主義者，其思想更見深刻、系統和全面，同時也具有著深厚的自然科學基礎，在此意義上，說謝林是這個浪漫派的精神領袖和哲學導師是值得相信的。另一方面，這些浪漫詩人比謝林更具有靈感、激情和無序的詩意想像，因而也就能更敏銳地發現生存的困惑和表達對人生之謎的追尋。如諾瓦利斯很早就表達了對人與自然之間和諧已經喪失的憂患和不安，並在小說《路琴德》中通過主人翁去尋求萬物之源、生存之謎的答案等等。所以浪漫詩人能不斷地激發出謝林思的興趣和從思辨向詩意方向的轉變。

從 1798 年 10 月起，謝林在耶拿大學開始講授自然哲學和先驗哲學。他的講課受到了學生們的熱烈歡迎，他的一個學生阿貝肯（R. Abecken, 1780～1866 年）曾回憶說：「他所吐露的思想觸動了我以往未曾被觸動過的心弦，在那間不大，但十分擁擠的教室時，他站在講臺上，講得極其優雅流暢，給人留下了深刻印象，使得一切聽眾都聚精會神、鴉雀無聲，這個人確實具有某種不可思議的魅力。」在他的聽眾中，既有青年人，也有成年人。其中薩維尼（F. K. Savigny, 1779～1861年）後來成爲德國歷史法學派的創始人；施泰芬斯在其《地球自然史論叢》（1801）裏貫徹了謝林自然哲學思想；舒伯特（G. H. Schbert, 1780～1890年）在謝林自然哲學的影響下發表了《對自然科學陰暗面的看法》（1807）。

耶拿時期不僅是謝林自然哲學的鼎盛時期，而且他從自然的客觀建構方面完成了對費希特主觀唯心主義的改造，並把康德的先驗哲學和他自己的自然哲學結合到「絕對理性」的動態演變過程中（前者是「絕對」從主觀到客觀的返本，後者是「絕對」從客觀到主觀的發展），從而完成了「同一性哲學」的構想。完成這一轉變的是1799年的《自然哲學體系初步綱要導論》和1800年的《先驗唯心論體系》。這兩部著作奠定了謝林作為德國古典哲學改造者的地位，這種「改造」除了上述從體系構成方式上所具有的意義外，其浪漫精神也為康德和費希特等注重邏輯、概念和推論的思辨理性重新注入了生機和活力。在耶拿，他除了編輯出版《思辨物理學雜誌》和《哲學評論》（與黑格爾共同編輯）外，還出版了闡述自己新哲學體系的著作《對我哲學體系的闡述》（1801）和《對我哲學體系的進一步闡述》（1802）和在《批判哲學雜誌》上發表的〈論絕對同一體系〉。

隨著學術上的登峰造極，謝林與耶拿的一些朋友間的關係開始發生變化，有的堪稱是戲劇性的。他除了仍然和文壇巨匠席勒和歌德保持友好關係外，同費希特和浪漫派之間的關係卻日益惡化，最終走向了破裂。同費希特關係的破裂最終發生在1801年，是由於謝林學術上的成熟，雙方明確他們在思想上的嚴重分歧造成的（詳細的論述在隨後的第四章）。而同浪漫派之間關係的破裂，則是發生在生活中，更清楚地說，是由於謝林和卡洛琳娜（Caroline，1763～1809）之間的浪漫愛情引起的。

卡洛琳娜原姓米謝里斯，1763年生於哥廷根，是著名的東方學教授約翰・大衛・米謝里斯（Johann David Michaelis，1716～1791年）之女，具有很好的文化教養。二十一歲時，她就嫁給

了約翰‧拜墨爾（Johann Boehmer, ?～1788年）醫生， 婚後生下兩個女兒，可這位不幸的醫生在婚後四年就去世了，使得卡洛琳娜成爲有兩個孩子拖累的年輕寡婦。不久，她的一個女兒也相繼去世，另一個女兒雖然相當可愛，但身體卻纖弱得很，幾乎形影不離地跟著媽媽在艱難的生活之路上漂泊著。

後來，浪漫派首領奧古斯特‧威廉‧施勒格爾在卡洛琳娜極端絕望的時候，充當了她的救星，基於對施勒格爾的感謝，卡洛琳娜接受了他的愛情，並在 1796 年結成夫妻，定居在耶拿。在耶拿浪漫派早期的活動當中，她作爲施勒格爾的妻子，始終是其中的一名活躍分子， 有著特殊的地位。 就像人們普遍認爲的那樣， 她並非是絕色美人， 可是她卻善於成爲一個非常溫柔的女性，充滿特殊的魅力。天賦聰穎，善於交往，感覺敏銳而富有同情心， 所有這一切使她成爲社交界的靈魂。 她使男人們爲之傾倒，使詩人和哲學家獲得靈感，這些都使得她總是被愛慕的氣氛所籠罩。她勇於面對自己的命運，不計後果地追求她的理想，這正是浪漫女性所特有的氣質。所以，人們總能相信弗里德里希‧施勒格爾在《路琴德》中爲她描繪的這樣一幅文學肖像：「她天性中具有女性所特有的那種高雅和優美的氣質：一切都是那麼神聖但一切又不那麼溫馴，不溫馴之中揉合著雅致、文氣、女性的溫柔。 其中的每一個特點都得到了自由地 、 強有力的發揮和表現，每個特點又好像是唯一而不再重複的。然而這是各種品質的豐富而奇妙的結合，而決不是簡單和雜亂的拼湊，因爲它激發的是靈感，是生機勃勃的和諧，是愛。她可以在同一段時間裏以一個眞正演員的表現力精細入微地表演某一個喜劇情節，又能用娓娓動聽的音調迷人地朗誦崇高的詩句。她時而以卓越的才幹吸引

整個社交界，時而又整個身心充滿靈感，時而像一位溫柔的母親那樣莊重，謙遜而友善地提出規勸和幫助別人。任何一個普通的情節，由於出自她之口，再加上她講述的風度，都會變成一個美妙的故事，令人神往。她極其敏感而聰穎，對周圍的一切她都懷有興趣，經她富有創造性的雙手安排的一切以及從她甜蜜的口中講述的一切，都變得十分高雅。任何一種善良和崇高的作爲，對她來說，都不會神聖或尋常到影響她以飽滿熱情參與其中的程度。她對每一個暗示都心領神會，即使問題尚未挑明，她就已能做出回答。」

許多男人爲之傾倒，但社會上也有人稱她爲「魔鬼夫人」（席勒）。自從那次德累斯頓聚會謝林介入到浪漫小組中來以後，卡洛琳娜就對謝林產生了好感。但謝林對於這位大嫂（她比謝林大8歲）的誘惑力總是無動於衷，而且盡量不讓自己受到引誘。這卻一方面完全超出了這位一直被男人們寵壞了的「繆斯」的意料，另一方面倒更加刺激了她的好奇心。機會總是有的，從1799年春天開始，謝林在奧·施勒格爾家入伙吃飯，作爲女主人的卡洛琳娜自然對謝林關懷備至，而謝林心中的熱情也開始奔湧出來。特別是，當卡洛琳娜對其丈夫早先在她危難時給予幫助的感激之情，不得不被一種「冷漠而輕蔑的態度」取而代之時，他們就眞正找到了通往愛情的道路。

風言風語迅速地在社交界傳開了。陷入情網中的人只能傻乎乎地面對著眼前的困境，卻總不能信心十足地預料將要發生的是什麼。費希特不無擔心地從柏林寫信給自己的妻子說：「請留心謝林與施勒格爾。謝林是在搞臭自己的名聲，我爲他感到惋惜。假如我在耶拿，我會規勸他的。麻煩在於，在這種情況下，當事

者總以爲人們似乎什麼也沒發現，因爲在醜事公開之前，人們總
是不會說什麼的。難道男子漢大丈夫不能把事情就此了結？」

　　不，謝林不會爲了別人的風言風語就泯滅心中愛情之火，卡
洛琳娜也不會在乎別人說了些什麼，就去承受那個愛情已經死亡
了的婚姻。他們都不是這樣的人。

　　儘管浪漫主義小組的主要成員都不再搭理謝林了，謝林也根
本不在乎。他心中越來越被卡洛琳娜完全占有，絲毫沒有爲別的
人留下半點空間。

　　受不了的還是卡洛琳娜。高度的神經緊張轉化爲神經病。到
1800年3月，病情越來越糟，醫生建議她去有礦泉的地方療養。
這個建議可幫了謝林的大忙。他提出帶卡洛琳娜到離班貝格不遠
的鮑克列特去，那裏有很好的醫生和礦泉，他自己也可以在那裏
繼續進行早在萊比錫就已開始的醫學研究。謝林的醫學研究頗有
建樹，兩年後（1802年）他獲得了醫學博士學位。出於對卡洛琳
娜健康的考慮，奧·施勒格爾也不得不同意謝林帶卡洛琳娜去治
療，浪漫主義小組就這樣在一片混亂中崩潰了。

　　由於卡洛琳娜和施勒格爾的婚姻在此之後還維持了三年，最
後才在歌德的調解下予以解除，所以，直到1803年的6月，卡洛
琳娜和謝林才正式成爲夫妻。從此，兩個人的命運就緊緊地擰在
了一起。他們的這種結合，在當時是不被人理解的。況且，卡洛
琳娜一再地被人誤解和咒罵。因此，他們心裏都十分清楚，不應
再在耶拿住下去了，必須找到一個新的地方，開始新的生活。

　　希望是有的，醫學家馬爾庫斯（A.F. Marcus, 1753～1816
年）早就在爲邀請謝林到維爾茨堡（Wurzberg）大學任編內教
授而奔走。到1803年機會來了，維爾茨堡在這一年併入了與法國

結盟的巴伐利亞，那裏的一切都在仿效法國，啟蒙精神深入人心，掀起了改革的熱潮。維爾茨堡大學也由提倡啟蒙思想的大臣孟特格拉斯（M Montgelas, 1749～1838年）按照耶拿大學的模式進行改造，因此想招攬德國最優秀的知識界人才。謝林自然就順利地成爲維爾茨堡大學的教授。

謝林告別了耶拿，有人說，他同時也告別了哲學。這種說法，如果不是別有用心，其錯誤是明顯的。不過，有一點是肯定的，維爾茨堡時期是謝林思想搖擺不定，發生許多變化的時期，這同他現已開始的穩定的家庭生活形成鮮明對照。謝林的婚姻是幸福的，由於有了那位社交界的「靈魂」作主婦，家裏總是賓朋滿座，喜氣洋洋。然而，思想是不會隨著家庭的穩定而固定不變的，特別是對於謝林這位視思想爲生命的人來說，更是一刻也不會讓思想停滯在某一點上，即使這一點是曾爲他帶來榮譽和地位的頂峰也罷。

起初，謝林的思想偏離激進的浪漫主義而向啟蒙思想靠近，這也許與環境和文化氛圍的變化有關。這可從他 1803 年冬季講授的「論學術研究方法講座」看出來，也可在《藝術哲學》中找到證據。在這兩部著作中，謝林密切關注的問題的實質就是：科學體系和研究方法。正像世界是個有生命的機體一樣，關於世界的科學也是由各種必然聯繫結合而成的一個有機整體。對於自然科學如此，對於藝術科學也如此。謝林說，那麼多不重要的對象都把科學引向自身，而若唯獨藝術不這樣做，甚至拒斥科學，那就太令人奇怪了。這包含著對浪漫派藝術觀的批判。對於哲學，謝林又重新恢復了它爲一切科學奠定基礎的基本功能，這是近代以來啟蒙主義哲學（無論是經驗論，還是唯理論）的基本主張。

他認為，科學認識之樹來自一個總的根源，即「一切科學的科學」──哲學。但哲學不能僅限於體系的邏輯構造的純粹形式，以免失去了其內在的創造性。對於所有科學和哲學來說，共同性的東西就是創新和創造，因而不能把哲學當成實在的知識學科去傳授，在講授一般的理論哲學時，注重一般科學方法論是極其重要的。他說，我不是教哲學，因為哲學是不可能教會的，我只是提示應該怎樣進行哲學思考。大學教育注重知識傳授是無可非議的，但知識也只是科學活動的一個大前提，僅有知識是不夠的。啟蒙主義把增進知識、建立知識論看作是哲學首要的任務，但謝林認為更重要的是思維的創造性。大學教育的全部規則可以歸結為一點，就是學習是為了創造。「正由於這種神奇的創生能力，你才成其為人，沒有這一種能力，你只是一架被巧妙地安裝起來的機器」（正如拉美特利（J. O. de. La Mettrie, 1709～1751）所說的那樣）。

自然中的原本創生性使自然成為理智，成為詩；思維的創生性能使人成為真正的人，使科學、哲學走向藝術。科學中的藝術就是創造。正是在創造性這一點上，科學、藝術、詩、哲學聯繫在一起了，也正是在創造性這一點上，人、人生也與詩或藝術連在一起。把哲學與詩，科學與詩，人生與詩聯結起來的強烈意向明顯地在〈從哲學看但丁〉一文中表露出來。在「論學術研究方法講座」的最後一講，謝林也從「科學體系」轉向了藝術，成為「藝術哲學」講座的導言。

在這一時期，啟蒙理性追求科學知識的理想和浪漫主義崇尚藝術、詩意的精神共同地主宰著謝林。他有時顯得更重視前者以便與浪漫派保持距離，有時更強調後者，因為他的內在氣質便是傾向於詩和藝術的創造性，以此來改造啟蒙理性的偏頗。在崇尚

詩和藝術這一點上，不能不說有著卡洛琳娜的強烈影響。

維爾茨堡期間，謝林的另一個重大成就是他早年就很重視的醫學研究。他研究醫術，研究有機生命、健康和疾病，他邀請馳名世界的著名學者亞歷山大・洪堡（W. A. von. Humboldt, 1767～1835）共同參加《科學醫學年鑑》的編輯出版工作。他給洪堡寫信，談到人們對於自然哲學的偏見：「人們指責自然哲學，說它蔑視經驗和阻礙經驗的進步。這一切都發生在自然科學家以最好的形式運用自然哲學的思想並在自己的實驗工作中使用這些思想的時刻。理性和經驗的相互對立只是表面上的，而我毫不懷疑您會承認在最新學說中理論和經驗的驚人一致。」洪堡也注視著謝林的科學研究和哲學成就，並承認他的自然哲學對於發展自然科學的重大意義，回信說：「我把您在自然科學中開創的革命視爲我們這個飛速發展時代的最美好的創舉……自然哲學不可能給經驗科學的成就帶來損害。相反，它爲做出新發現提供原理。」洪堡的話對於謝林的醫學研究也是適用的。因爲謝林把其自然原始和諧的理論應用於對人的生命機體的研究，特別是對於健康狀態、疾病成因等的具體界定起到了富有成效的作用。他成功地克服了使醫學走入絕境的機械論和活力論的局限性。他與把疾病看成是有機體之外的某種東西的學說不同，認爲疾病和健康一樣都是自然過程，是生命有機體和諧關係遭到破壞，喪失平衡的表現。因而疾病史就是生命機體的歷史。

《醫學科學年鑑》一共出了六期，謝林就對雜誌編輯工作感到厭煩了。可怕的是，這種厭煩不僅是表明謝林對科學的興趣已爲藝術取代了（他全神貫注於「藝術哲學」的講座），而且其興趣從科學轉向了宗教。自然哲學和同一哲學中作爲本源和最高目

標的「絕對」，已不再是無所不包的主客同一體，而從神話世界中作為哲學理念的直觀對象的「神」，變成了信仰的對象，就成了最高的存在。1804年發表的〈哲學和宗教〉，標誌著他同一哲學的結束和向宗教哲學的過渡。

這一過渡從謝林思想發展來看，有其必然性。在他看來，哲學是從觀念方面對「絕對」的直接把握，其工具是「理智直觀」。這個觀念的「絕對」在藝術（即神話）中顯現為感性形象的「神」，但這樣的「神」必然要擺脫其感性的中介，而直接地在內在信仰中被直觀到。因為新教的產生就標誌著向原始精神性的復歸和對信仰中感性東西的拋棄。在某種間接形式中、經驗上感受到的物中去尋求神的啟示，是與謝林長期追求的對「絕對」的直接性把握相矛盾的。

謝林的這種宗教轉向首先受到了來自天主教正統方面的攻擊。在主教眼裏，新教徒謝林和新教徒鮑魯斯是自由主義罪惡的化身；謝林的學說中充滿著泛神論的色彩，有離經叛道的思想；所以嚴禁天主教徒聽謝林的課，違者將有被革除教門的危險。另外，謝林原來的老鄰居，又是一同從耶拿調來的老朋友鮑魯斯也一改過去的親密關係，視謝林為仇敵，他指責謝林遠離了啟蒙思想走向了神秘主義。因此一時間，反謝林的誹謗文章、小册子和評論接二連三地拋出。謝林一方面憤怒地進行反擊，一方面向學校當局和巴伐利亞政府提出申告，要求停止對他的攻擊。結果，不僅未收到良好的效果，反而受到政府的嚴厲申斥：「這一舉動清楚地表明，思辨哲學在使人們成為有理性的和講道德的方面成效甚微。」並規勸謝林「注意君主對出版自由的敕令」，「必須把無紀律作家的無禮貌和無節制行為納入法律秩序的範圍之內」。

就是在這樣惡劣的環境裏，謝林也未下決心辭職，而是繼續從事著哲學寫作並講授「藝術哲學」，直到 1805 年秋天，由於拿破崙在奧斯特里茲戰役的勝利重新劃分了歐洲的分國地圖。巴伐利亞作爲法國的盟國，版圖擴大了，成了王國，但失去了維爾茨堡（畫歸了奧地利王朝）。謝林預感到，維爾茨堡大學反動的天主教是不會容忍他繼續留在這裏的。這樣，謝林才下決心退出大學講壇，爭取巴伐利亞科學院的任命。

1806年3月24日，當謝林講完最後一課，學生們得知教師將要離開學校了，自發組織了熱烈的歡送。傍晚在他的窗下演奏音樂，就像他離開耶拿時，有60名學生跟他轉學到維爾茨堡一樣，當他這次卸除教職，也有150人跟著離校。

經過謝林的努力，1806年7月，謝林終於得到了他所要得到的東西，成了科學院的院士。

對於一位能言善辯、樂於同聽眾迷醉的眼光交流的哲學教授來說，離開他心愛的講臺，其內心無疑是痛苦的。初到慕尼黑（München），謝林總覺得這裏只不過是他臨時的棲身之地。可誰能想到，他從此時開始，離開講壇竟會長達15年，而在慕尼黑生活的時間卻超出了三十年! ❸

在慕尼黑最初的日子，謝林是在同費希特的爭吵中度過的，學術上的思想分歧導致了雙方內心的憤怒和仇視。費希特在《論學者的本質》一書之後，接連又出版了《現代的特徵》和《幸福生活指南》。這三部著作都在不同程度上批判了謝林的自然哲

---

❸　直到 1821 年，謝林才重新在叔本華受教育的埃爾蘭根大學登上講臺，講授「神話哲學」。1826年又被聘爲慕尼黑大學教授。一年後又出任巴伐利亞科學院院長，因而一直居住在慕尼黑，直到1840年受聘爲柏林大學教授爲止。

學，　尤其不承認自然界的首要意義，　認爲它是知識的幻影和反光。謝林的思想卻正好相反，自然是首要的，自然和精神的本源同一性，恰好是知識中主客體同一性的原型，知識不過是對自然之本源行動的模仿，是自然的「進化」，或者說是「自我」之自身等同的主客同一性向著自然之根的返本回源。當然，費希特也明顯地修改了「知識學」，越來越多地提到絕對和宗教。但謝林卻指責費希特不懂得眞正的神和天堂，說他像誘惑人的妖魔一樣許人以珍寶，而能給人的卻只有燒紅的煤塊。並且，謝林說費希特根本不會爲人的幸福生活提供什麼指南，至多只是警察式的指令。這反映的倒是，一個眞正的理性主義者（費希特）和一個內在的浪漫主義者（謝林）對待生活之意義的不同觀念。謝林針鋒相對地把他的論戰性著作題目定爲〈對自然哲學與費希特修正過的學說的眞正關係的闡述〉，　可謂是指名道姓，　當仁不讓。　另外，還進一步論述了自然哲學的意義，發表了〈關於自然哲學的箴言〉和〈論德國科學的本質〉兩篇長文。

　　謝林在這裏頗受巴伐利亞政府的器重，1807年10月12日王儲路德維希命名典禮，謝林受命在這一莊嚴的場合作祝辭。題目是〈論造型藝術與自然的關係〉。這是他在慕尼黑的第一次公開講話。謝林心裏十分清楚這次講演對於自己命運的重要性，這不僅是王太子、宮廷顯貴、大臣們對他學術成就的一次考驗，而且他知道，王太子作爲藝術的保護人，準備在巴伐利亞建立藝術研究院，留給他謝林什麼樣的機會，在很大程度上將取決於他在科學院演講中能給人留下什麼樣的印象。

　　謝林從人們在文克爾曼（Johann　Joachim　Winkelmann 1717～1768）、萊辛和他自己的「先驗唯心論體系」中熟知的藝

術觀念出發，造型藝術是無聲之詩，像無聲的自然一樣，表現內在的精神，創造性力量始終是它的唯一特性。自然仍是造型藝術的眞正原型和原始根源。接著，謝林批評了機械的藝術摹仿論:「奇怪的是，正是那些剝奪了自然生命力的人，卻偏偏提倡藝術摹仿自然！難道你對自然的信徒施以同樣的暴行，以便重溫昔日的樂趣？」謝林心目中念念不忘的還是自然那無窮的創造性力量，他認爲只有充滿靈感的觀察者才能在自然中洞悉出這種演化出萬物的神聖創造力本身。只有當藝術家憑其懇切的摹仿掌握到精神的如同自然的神奇創造性，才能創造出純眞的藝術品。否則，僅憑俯首帖耳地屈從現實，依樣畫葫蘆，他的製作不過是雕蟲小技，而決不是藝術品。藝術家必需抓住的是理念的內在創造精神和精髓，而且把它顯現出來，使特殊之物成爲自在的宇宙，永恒的原型。這樣一來，藝術便顯得遠離通常的「摹仿」，只能從心靈和精神的內在力量的劇烈鬥爭中產生。謝林把這種鬥爭稱爲「靈感」。藝術依靠靈感，依靠社會人心的情調，正如柔弱的植物要依靠陽光空氣一樣。最後，謝林在論「當代藝術的任務」時，高聲呼喚其時代的新靈感的出現，只有它才能從過去時代的灰燼中吸取火花，再次煽起藝術美的燎原烈火。他證明，只有藝術觀念本身的革命才能拯救藝術的枯竭，只有新知識、新信仰，才能激發藝術以更新的生命力顯現過去的燦爛輝煌之作品。正是在德國的當代，應當期望藝術的繁榮。

在結束語中，謝林不失時機地向國王熱烈祝願，祝國王健康幸福……

祝辭取得了極大成功。卡洛琳娜在客人中間激動不已，因爲隨同她一起激動興奮的，是所有的聽眾。王太子路德維希對謝林

的藝術觀讚嘆不已，在宮廷裏，對這個人物的全部懷疑煙消雲散，謝林一下成了慕尼黑的大紅人。

他再次抓住了機會。接著組建藝術科學院的重任就委託給他了。1808年5月他又被任命爲藝術科學院的秘書長。在這個職位上，謝林度過了15年的光陰，爲培養藝術人材和發展藝術事業做了不少事務性工作。對藝術科學院課程的安排上，他特別重視藝術史並賦予神話學研究以重大意義，把它作爲唯一的一門必修課，因爲神話學將爲藝術家開拓創作的深度。但是，這個職位對於謝林學術思想而言是毫無益處的，從此後，他關於藝術再也沒有寫出有價值的東西。

他停止了思想嗎？沒有。他改變了自己的興趣。一般認爲，浪漫主義者只注重內心精神生活的自由自在，注重自然和詩意而遠離社會的政治和功利，這是片面的。實際上，不論是施勒格爾兄弟還是現在的謝林，他們不僅在精神上追求自由，生活上崇拜自然和詩性，同時他們也謀求世俗中的成功和社會上的尊重。政治上的擢升同樣是他們的興致所在。人們不會不記得弗·施勒格爾1809年在梅特涅手下當上高官，隨後還高昇爲奧匈二元帝國的公使團顧問、羅馬教廷的基督團騎士和維也納造型藝術研究院院士。謝林現在和以後的「從政」生涯，正說明了他的這種興趣所在。

就像許多官員總想擁有一兩項「高雅」的業餘愛好一樣（這種「高雅」謝林不需要了），謝林這時卻出人意料地對動物磁性和星相學表現出強烈的興趣，這種興趣促使他進一步向宗教神秘主義轉向。他在思想上開始接近天主教神學家巴德爾（F. Baader, 1765～1841 年），並研究起法國神秘主義宗教學家聖·馬

丁 (Saint-Martin, 1743～1803年) 和德國神秘主義哲學家雅可布·波墨 (Jakob Boehme, 1575～1624年) 的著作，深受他們的影響，發展出一套與前期迥然相異的宗教哲學體系。

完成向宗教哲學轉變的標誌是 1809 年出版的《關於人的自由本質的哲學研究》。從外在原因來看，這部著作是對黑格爾和施勒格爾的獨特反應，因為前者在 1807 年出版的第一部表明其哲學體系的綱領性著作《精神現象學》中，指明地批判了謝林哲學「既非詩也非哲學、非驢非馬」等，而後者在《印度人的語言和智慧》一書中通過批判泛神論而把矛頭指向了謝林。從思想的內在原因來看，是由於謝林洞悉出其前期同一哲學的虛假性（天命和自由，善和惡，神性與人性的二元分裂遠未達到同一），而向宗教中的上帝、神性伸手求援，以便重新建立世界的一元論基礎，讓世界的同一性在最具有創造力的神性根基上啟示出來。這部著作奠定了謝林整個後期宗教哲學的基礎。

1809年，不僅是謝林思想發生重大轉折的一年，同時在生活上也發生了根本性的變故，這就是其愛妻卡洛琳娜的病故。這位愛妻多年以來一直是他心情的一面鏡子，是他思想靈感的源泉，是他作品的第一讀者和批評家，總之，是他忠實可靠的伴侶。而如今，在她風華正茂之時，痢疾奪去了她的生命，這不能不使謝林的身心遭到沉重的打擊，陷入痛苦的深淵。在卡洛琳娜的墓碑上刻下了謝林哀戚的墓誌銘: 上帝把她給了我，死亡不能把她奪走。

但死亡是無情的，無法抗拒的。很長時間，謝林都不能從痛苦的心境中擺脫出來，他甚至很少在公共場合露面。到1812年6月，鮑林娜·歌特爾 (Pauline Gotter, 1786～1854 年) 成為謝

林的第二個妻子，一直同謝林白頭到老。她爲謝林生了兩個男孩和一個女孩。

謝林開始失去了對科學院工作的興趣，他想重新回到講臺上去，這一願望到 1821 年新年伊始在埃爾蘭根大學實現了。在這裏，他開設了「神話哲學」和「近代哲學史」兩門課。「神話哲學」一開始就引起很大爭議，著名詩人柏拉登（A. Platen, 1796～1835年）相當激動，認爲謝林的思想「簡直跟閃電一般劃破長空」，而青年馬克思（Kar Marx, 1818～1883 年）的未來同事阿爾諾德·盧格（Arnold Ruge, 1802～1880）卻對謝林的課深表懷疑，後來他說道，神話學這個題目當時就像一塊難以消化的硬塊那樣堵在他的胃裏，他無論如何也無法把它消化吸收。

在「近代哲學史」中，他從笛卡爾講到黑格爾。他第一次開始了對當時如日中天的黑格爾哲學進行了批判。謝林以智者的冷靜不顧情面地批判了黑格爾哲學中泛邏輯主義，過分擡高抽象思維作用的許多薄弱方面。這種批判可算作是當今後現代主義者反邏各斯中心論的最早先聲。

1825年10月，巴伐利亞君主約瑟夫逝世，路德維希即位，這位新國王竭力提倡科學與藝術，想把慕尼黑建設成文化中心。把蘭茨胡特大學遷移到慕尼黑，得到了整頓與擴充。1827年 5 月，謝林又被請回慕尼黑，被任命爲巴伐利亞王家學術檔案館中心總監和慕尼黑大學教授，同時被科學院推舉爲院長。謝林像個凱旋者，在新國王的恩典中被推上了王國最高的學術地位（而像費希特和黑格爾這樣的大哲學家，一輩子也從未成爲科學院的院士）。

在慕尼黑大學，謝林實際上成爲整個大學的主宰，繼續講授

「哲學導論」和「神話哲學」。第一堂課時，除國王沒有駕到外，政府要員們像參加慶賀大典一樣地紛紛到場，所有人都對他充滿了敬畏和愛，他以充滿自尊和自信的精神力量懾服了所有的人。據一些聽課者後來的回憶，謝林的課相當精彩，每句話都經過了深思熟慮和再三斟酌，內容結構嚴謹，思想深刻而完美，表達形式也無可挑剔。

在「近代哲學史」課程中，謝林繼續沿著早已開始的對於理性主義哲學，特別是黑格爾哲學的批判，首次提出了「否定的哲學」 (Negative Philosophie) 和「肯定的哲學」 (Positive Philosophie 也有譯為「實證哲學」的)，繼續沿著 1809 年開闢的以上帝的浪漫神性為基礎構想人的自由創造性這一哲學道路前進。他認為，笛卡爾把只有能够被清晰和準確認知的東西賦予其真理性，具有重要意義。但這一點不可能在所有地方都直接做到。哲學要做的，就只是如何直接地把握到自明性的東西。在謝林眼裏，笛卡爾認上帝是按照鐵的必然性起作用的必然本質，在理性主義哲學中具有典型作用。在萊布尼茨和斯賓諾莎那裏也可發現同樣的特點。謝林一直對斯賓諾莎充滿敬意，說他「屬於英名永存的作家之列」，但他的思想「過時了」，因為除了赤裸裸的必然性，連一點自由的痕迹也沒有，實在是應加以遺棄的思想。萊布尼茨的重要性在於，把斯賓諾莎靜止的世界推動了，使它獲得了靈魂。他承認具有人格和個性的上帝，然而上帝畢竟不是個人，它不是按必然性而是借助於自由行為創造了世界。

基於這種分析，謝林認為近代理性主義哲學的基本缺點就在於不是想認識上帝，而是想認識人，但人同上帝相比，卻又總只

是一個否定性的存在物，肯定的存在物乃是上帝。因此，謝林就把理性主義的哲學稱作「否定的哲學」，他自己現在所建立的則是「肯定的哲學」。前者是「邏輯的」，後者是「歷史的」；邏輯哲學是單義的，按照嚴格的順序從此一者推導出另一者，理念的所謂「辯證」運動，實質就是理念自身的否定性。與前者邏輯必然性的特徵相反，肯定哲學的歷史性，乃是自由的，因爲它充滿了各種可能性。只可惜，占據著德國人心靈的，現在並不是他謝林的這種注重可能性的「肯定哲學」，而是以前的同窗好友，現在早已成爲仇敵的黑格爾哲學。他把後者稱之爲至今仍在毒化人們心靈的否定哲學的代表。

謝林看到，「否定的」哲學一定會過渡到「肯定的」哲學。這個轉變早在康德那裏就開始了，他認爲，康德打破了建立在邏輯必然性基礎上的舊式的、獨斷的「否定性」形而上學，爲建立在自由原則基礎上肯定的形而上學奠定了基礎。費希特、黑格爾都是立足於康德的，但他們卻只顧體系的邏輯必然性，從而最終遺棄了自由。謝林暗示出他要正本清源，在康德的基礎上把自由的、肯定的哲學推向前進。

肯定的哲學，實質上就是「啟示哲學」。謝林思想是在新教的虔誠傳統中發展出來的，肯定的哲學之構想的提出，使他完全返回到傳統的宗教範疇中去進行思考。對他來說，耶穌基督就是人格化了的自由，他既是神，有不可分割的神性，同時又放棄了自己的神的實體，選擇了人的命運，因而具有人性、個體性。經過最可怕、痛苦和屈辱的處決以及復活，基督教發生了「第二次創世」，這一次創造的是人類的自由世界。啟示哲學就是從神的三位一體出發，探討如何將神的任意的自由意志、萬能的創造之

力和充滿愛心的善根啓示於人，使人性與神性等同，使人間充滿自由、善和愛，這些才是人間一切創造性之源。

慕尼黑時期，謝林無論在學術上還是在社會政治地位上均達到了輝煌之巔，從 1831 年起，他一共講了六遍啓示哲學。其中引起最大爭議，對後世產生最大影響的就是1841年被招聘到黑格爾主義的老巢——柏林大學，在黑格爾生前講課的講臺上，講授這種啓示哲學，批判黑格爾主義。

黑格爾 1831 年逝世，在此之後，柏林大學的哲學講席一直空著。事實上，黑格爾一死，聘請謝林去柏林的意見就由普魯士的王太子提出來了。按理說，在慕尼黑，謝林是不會有什麼抱怨的，他得到國王的許多恩寵，在國王面前說話舉足輕重並且已被擡舉到學術界的奧林帕斯山諸神的地位之上了。儘管如此，謝林也有他離開這裏的充分理由，這就是，他越來越感到人們把他視爲異端、新教派，他在天主教占主導地位的巴伐利亞，處境是不會太好的，因此他很想離開慕尼黑。但柏林作爲黑格爾主義的堡壘，他內心也不是沒有一點畏懼的。因此，是否去柏林，對於有65歲高齡的謝林來說，不能不是個艱難的選擇。最終，普魯士國王許諾的優惠條件（保留謝林的全部收入、封號和特權，不論是書面作品還是演說一律免於檢查等）起了決定性作用，另外，在外交上，普魯士國王也爭取到了巴伐利亞國王的理解。

這樣，1841年10月，謝林懷著複雜的心情抵達了柏林。大學生們想要舉行火炬遊行以表歡迎，被謝林拒絕了，他說那就太見外了。實際上，謝林是爲避免發生什麼亂子。黑格爾主義者、黑格爾的學生們，不管是對謝林感興趣也好，反謝林也好，他們都會關注謝林的活動並要了解他將會說些什麼。特別是，謝林的第

一講，選擇的日期是黑格爾逝世十周年紀念日的第二天，這不能不令謝林心情緊張了。學校當局也估計到將會有許許多多的人來聽課，除了選擇最大的教室外，還力圖避免引起不愉快。因為許多大學生已經揚言： 如果不讓他們從門進去， 他們將要破窗而入。

　　這一天來到了。教室裏擠滿了人（大約有四百多人，對大學生入場進行了嚴格檢查），他們來自不同階層，不同民族，具有不同的信仰。其中有許多是各種思潮的主將：馬克思主義的創始人之一青年恩格斯，丹麥未來哲學家、存在主義的始祖基爾凱郭爾，波蘭哲學家奧古斯特·切什科斯基，俄國革命者巴枯寧，波蘭革命者愛德華·鄧姆波夫斯基，德國工人領袖拉薩爾，俄國作家弗拉基米爾·奧道也夫斯基，歷史學家列奧波特·朗格和雅可布·布爾哈特，邏輯學家特林捷林布格，還有我們熟悉的法哲學家薩維尼和斯捷芬斯。恩格斯對當時的情形描述道：「在情緒激動的青年人中間你會偶爾看到鬍鬚花白的軍官，而在他旁邊就坐著一個舉止隨便的普通軍士（恩格斯自己當時就是在柏林服軍役——作者注），要是在別的社交場合，他可能會因敬畏長官而不知所措。一些很快就要慶賀自己學術活動若干周年紀念會的老博士和宗教界人士，感到大學時代的精神在他們心中迴蕩，他們重又每日來聽講。猶太人和穆斯林們想看看所謂基督教的啟示到底是怎麼回事。教室裏可以聽到德語、法語、英語、匈牙利語、波蘭語、俄語、現代希臘語和土耳其語相混雜的喧囂聲。」❹

　　對這次所講的啟示哲學的反應大不相同。基爾凱戈爾相當興

---

　　❹　參閱《馬克思恩格斯全集》，卷41。

奮，深有啟發，說他差不多記住了謝林所講的每一句話，把整個
希望都寄託在他所崇拜的這個人上了。這位存在主義的創始人從
講座中吸取了許多思想。但黑格爾主義者因謝林在這裏打擾了他
們老師的亡靈而相當氣憤，儘管謝林並未貶低黑格爾，卻採取了
相當謹慎而中性的言辭來談論他，這也避免不了黑格爾主義者的
攻擊和駁斥。最早起來批判謝林的就是青年恩格斯，他當時作為
青年黑格爾派的成員，明確宣布，要以鬥士的激動保護死者，
保護黑格爾免遭謝林以虛偽的尊敬把他置於偉大的思想家之列，
而實際上卻把他的功績一筆勾銷的嘲弄。因而連續發表了三篇文
章——〈謝林論黑格爾〉、〈謝林與啟示〉、〈作為基督教哲學
家的謝林〉——來批駁謝林。

　　儘管如此，這個學期是以熱烈的歡呼聲和火炬遊行結束的，
謝林，這位兩個國王的寵兒，並未料到會有災禍，沒有預感到自
己會垮臺，因而決定辭去巴伐利亞方面的所有職務，正式成了普
魯士宮廷的樞密顧問。

　　災禍終於在 1843 年降臨了。他原先的朋友和鄰居，後來（
從維爾茨堡時代起）的不共戴天的仇敵鮑魯斯弄到了謝林1841～
1842年度的講課筆記，加上他草擬的這個長長的令人費解的標題
出版了：〈終於揭開面紗的肯定的啟示哲學，或謝林在 1841～
1842年於柏林冬季學期授課中為了達到一般性介紹的目的而談到
的在哲學、神話和獨斷論基督教的啟示中發現的產生史、原文、
評價和修正〉。

　　謝林從自己關於作者權利的觀念出發向法庭上訴，但失敗
了，因為法庭在鮑魯斯的做法中找不到可以定罪的東西。反而，
受了欺侮的謝林被停止在大學講課。以後雖然又講了三個學期的

「神話哲學」，但到了 1846 年，謝林就堅決拒絕再開課了，理由是普魯士不能保護他的版權。

他對政府不滿，對整個德國的政治狀況也不滿，他對他原來的學生，現在的巴伐利亞國王馬克西米里安寫信說道：「我決不承認在這個世界上總會有理想的國家制度。」所以，當1848年2月柏林無產階級革命的槍聲在他窗下響起時，他是反對的，他把任何政變都稱作是「弒父」。生活使他捲入了政治，政治使他背叛了他早年的革命理想。

該是謝林退出歷史舞臺的時候了。他不僅兒孫滿堂（75歲壽辰時，光孫子就有十二個），而且的確是功勳卓著（1849年被國王授予巴伐利亞功勳獎章，1853 年又被授予馬克西米里安騎士獎章）。然而，就眞正的思想者而言，只要他生命的氣息尚未中止，其思想是不會終結的。謝林就是這樣一個思想終生得不到安寧的人，況且他的思想總是趕到語言的前頭，他總是在還來不及把思想記載下來，加以深思和展開，就已爲新的思想所取代。但人的思想總歸是要安寧的。1854年 8 月20日，謝林在瑞士旅行的途中，就得到了永久的安寧。這是一個療養小城拉加茨，謝林默默地躺著，透過窗子望著山上的景色，就怡然自得地閉上了眼睛，這一次是永遠地閉上了。他就埋葬於那裏，巴伐利亞國王馬克西米里安給謝林立了墓碑，上面鑴刻著「德國思想泰斗」的銘文，同時在慕尼黑還建立了謝林紀念塔。

在我們概覽了謝林思想個體發生、形成和演變的全過程後，讓我們在他開闢的幾個主要領域，品味其思想的獨特風光吧。

第三章 獨立門戶: 自然哲學新領域

　　自然哲學是謝林創造的第一個全新的哲學「體系」。

　　謝林在 1795 年完成了《論自我是哲學的原則》之後，已對費希特知識學的主觀片面性和抽象形式主義深有感悟，但的確並沒有明確地意識到費希特知識學體系的根本缺陷到底何在，更不清楚自己將從何處營造哲學的全新大廈。因此，把這時的謝林看作是費希特的追隨者或學生是不足為奇的。儘管謝林後來一直否認這一點，只把費希特當作是「同事」，而不是「老師」，但費希特對青年謝林的巨大影響是怎麼也否認不了的。使謝林脫離費希特思想軌道的，實際上是荷蘭哲學家斯賓諾莎和意大利的「詩性哲學家」維柯。從維柯的歷史主義那裏，謝林吸取了「運動」「變化」的思想，並以此改造了費希特的非歷史的「絕對自我」，從而不把絕對自我看成不變的實體，而理解為變化過程，理解為「自我意識的歷史」。通過對斯賓諾莎的研究，謝林看出了實體作為「絕對」，既有從主觀到客觀的觀念變化過程，也有從客觀到主觀的實在變化過程。費希特只孤立地涉及前一過程而忽視了後一過程，因而有必要像斯賓諾莎那樣，把哲學的視野轉向實體的客觀變化過程上來。這些思想實際上已經超出了費希特，並在《關於獨斷主義與批判主義的哲學通信》（1795）和《知識學唯心論集解》（1796）兩部著作中表達了出來。

　　這種對實體的客觀本源的重視與他本性中對大自然的強烈熱

愛，　對於奠定這位未來哲學家的地位產生了重大的作用。　因為
正是這種思想的火花促使這位當時仍在萊比錫當家庭教師的謝林
把目光轉向了自然。他在 1796 年去萊比錫大學參加那裏的物理
學、數學、化學和醫學等自然科學的研討班和講座，認眞學習和
研究自然科學並結識了一大批自然科學家。他從哲學構思出發對
自然科學的研究，很快就產生了一大批研究成果，隨後每年均有
大部頭的著作問世。正是這些著作開闢了自然哲學新的領地，使
他走上了獨立發展的哲學大道，並如黑格爾所言，他「在近代成
了自然哲學的創始人」（《哲學史講演錄》，卷四，北京商務印書
館，1978年版，頁 345）。正是這種自然哲學讓人的精神從先前
抽象的思辨中抽身退出，從而能在花卉和星辰之間自由地吸取新
鮮的空氣，它對於人的精神的解放就像那些終日呆在狹隘的教室
裏被字母和數字壓得長吁短嘆的學童一旦獲得了自由那樣輕鬆。
它喚醒了人的自然的天性。追隨自然的人，在經歷著科技文明的
種種壓抑和限制時，會不由自主地沿著這一方向到大自然中去，
到那空氣新鮮，　陽光充足，　變化萬千的現實中去，　他們高聲歡
呼，大翻筋斗，痛快淋漓。謝林也正是在其所開闢的這塊自然哲
學領地上心花怒放，光芒四射，得到了歌德的賞識並很快作爲一
顆新的哲學之星高高升起在德意志的上空。

一、謝林自然哲學的形成和成就概觀

　　謝林的自然哲學與黑格爾那遭到現代自然科學家激烈拒斥並
視爲災難的純粹思辨自然哲學不同，它更多地是立足於他那時代
的自然科學新成果和發現。在謝林出生的前一年，普列斯特列發
現了氧氣，1777 年拉瓦錫提出了燃燒理論，1783 年蒙高飛兄弟

的熱氣球升空飛行了，1784年瓦特發明了蒸汽機。1785年，庫侖表述了電荷的相互作用定律。90年代，伽伐尼(A. L. Galvani, 1737～1789) 與伏打(A. Volta, 1745～1827) 之間發生了一場關於「動物電」的激烈爭論，結果發現了電流。

謝林懂得這些自然科學的最新成就，他所著力注意的是去發現這些成就的哲學意義。在關於燃燒的理論中，謝林注意到，如果繼續認爲客體是沒有運動的實體，那末它就呈現爲純粹虛幻的東西，正像「燃素」與「熱質」的概念之虛妄不實一樣。代替這些虛幻概念的只是物質的運動，如「燃素」概念在氧化過程中得到科學地排除，「熱質」實體概念被「熱無非是運動」這一科學見解所推翻。在這個時代中，不僅運動的概念取代了不動的實體，而且各種自然力相互作用，相互轉化的思想也被揭示出來。伏打發現「動物電」並不是一種特別的「物質」或「力」，而是不同物體相互作用的產物（不同種類金屬的接觸），戴維則從物理原因和化學原因相互作用的角度進行了考察。伽伐尼現象推翻了非生物界的各種力互不相干的觀念。與此相應，學科之間的截然分界也被打破。由於戴維的研究（1806～1812年），用電流對水進行分解成功了，人們看到了電過程和化學過程的相互聯繫。對電和磁的聯繫的理解也超出了單純類比的範圍。謝林不僅是電化學和電磁學產生的同時代人，而且他自然哲學中的有關思想以及他自己的充滿辯證法的電學思想對這些理論的產生也有著不可忽視的影響。

在生物學方面給謝林留下深刻印象的是 K・Φ・基爾邁的進化觀。基爾邁企圖通過自然力的統一和相互作用來說明動物機體中的生命過程的發展。發展就是自然界的基本力的微分和把這些力分爲複雜的相互作用的體系，這種思想已經占據了學者們的頭

腦。謝林的進化觀也是現代研究者的一大主題。現在我們先初略
地看看謝林在此期間幾部主要自然哲學著作所提出的問題。

第一部使他一舉成名的自然哲學巨著是在 1797 年春出版的
《自然哲學觀念》。在這部著作中，謝林主要思考的就是科學界
不久前才觸及到的大自然的奧秘——電。從電的運動現象，謝林
推翻了自然界存在著不可分解的元素、孤立的實體這些陳舊的思
想。認爲在普通運動的條件下，一切物質都是內在統一的。大自
然的統一性在於多種形式的運動統治著物質這種「惰性的本原」，
他認爲，物質乃是「宇宙的普遍萌芽」，這種萌芽只有在運動中
才產生出一切存在。他以相當寬廣的視野來看待運動，不僅談論
空間的機械位移，而且談論其他運動，包括化學運動。在這部著
作的最後部分就是論述化學問題的。

接著，在1798年，謝林又出版了《論宇宙靈魂》，在這裏，
他的思想彷彿發生了很大的改變，又重新談論光和燃燒、磁和
電。其中最引人注目之處有三點。首先是**更多注重於宇宙的精神
統一性**。在前一著作裏，謝林還是想通過運動來聯繫物質這一惰
性本原，從而理解自然的統一性。而現在，宇宙的統一性不在其
物質性，而在於其精神性、生命性，即「靈魂」了。在這裏，「
宇宙靈魂」的確不僅僅是個隱喻性的概念，而且是充滿了唯靈論
色彩的精神的不自覺的潛伏狀態。自然界是有生命的，僵死的自
然界是不存在的。讓無機物質世界跳動著生命的脈搏吧，讓能使
萬物獲得生機與統一的世界靈魂永生不息吧！其次，謝林提出了
一般物質均有「本源運動」的看法。「惰性的物質」是不可能自
行運動的，它需要外力的推動。而現在，這種惰性物質不見了。
他認爲，任何靜止，即物體的穩定狀態，都是相對的，是運動的

一種微小狀態。但統治自然界的乃是「兩極性定律」❶，正由於
對立面的統一才會有「本源運動」，這一思想以隱蔽的方式提出
來了。他說：

> 自然學說也以作為出發原則的普遍二元性為前提，而要認
> 識這種二元性，則應以普遍的物質同一為前提。不論是絕
> 對區分原則還是絕對同一原則，都不提供真理，真理包含
> 在它們的結合之中。

第三，謝林提出了**自然物質在逐漸進化過程中普遍聯繫的思
想**。用普遍聯繫的觀點來重新看待自然，是謝林所處的時代所碰
到的難題，因為到十九世紀初，自然科學已經開始對各種不同的
物質運動進行研究，那種企圖把各種不同的運動形式，統統納入
到牛頓力學框架中去的看法，就已失去它的權威性了，出現了一
個如何用非力學原則把各種自然力統一起來的問題。為此，必須
用實驗的方法來確定多方面的相互聯繫和它們之間的相互轉化。
謝林所碰上的物理學正在進入對轉化過程本身進行研究的時期。
「轉化過程是一個偉大的基本過程，對自然的全部認識都綜合於
對這個過程的認識中」。在轉化問題上，自然科學的知識結構十
分明顯地依存於它的對象的結構，因此，從哲學上對這種知識
的考察每向前推進一步，都必須分析有關科學所研究的同一個對
象。例如，從物理學轉到化學，從化學轉到生物學，就直接地依
存於具體地研究物理的物質運動形式怎樣轉化為化學的形式，從

---

❶　「兩極性定律」即是說統一的物質自身會分化成兩極相反的對立
　　面，對立面的相互作用產生運動。

化學的物質運動形式怎樣轉化爲生物的運動形式。因此，謝林被吸引到直接的自然科學問題中去並把哲學思辨同這種經驗研究結合起來是沒有什麼奇怪的。他一直密切地注視著這個領域在他眼前所發生的迅速變化，電化學、電磁學所揭示的不同運動過程的相互聯繫和轉化，生物學領域中Ｋ・Ф・基爾邁的進化觀都是謝林形成新的自然觀和研究自然新的方法的最重要的源泉。具有重要意義的是，在謝林那裏，自然界統一性的現實根據並不單純是「一切同一切的聯繫」，即在有機體中明白呈現的那種聯繫，而是在普遍進化過程中不斷呈現出來的聯繫。這種進化上的聯繫，不僅存在於有機物和無機物的演化系列之中，而且在同一物種的個體之間都存在著起源上的聯繫。這樣，在達爾文之前六十年，在拉馬克之前十年，自然哲學家謝林就以其思辨的頭腦，結合當時自然科學已經萌發出來的新思想，在《論宇宙靈魂》中就提出了這樣的看法：一切有機物前後相繼的系列應當是同一機體組織逐漸發展進化的結果。

又過了一年，即在1799年謝林又連續出版了兩部重要的自然哲學著作：《自然哲學體系初步綱要》和《自然哲學體系初步綱要導論或論思辨物理學的概念和這門科學體系的內部組織》。在前一部著作裏，謝林第一次用「自然哲學體系」來概括自己的學說，說明他從內心上對於自己哲學的獨創地位已有了積極的承認，就如同康德把自己的哲學叫做「批判主義」，費希特把自己的哲學叫做「知識學」體系一樣，謝林也可以用「自然哲學體系」來標明自己作爲一個獨立哲學家的身份了。在這部著作裏，他系統發揮了他的自然「進化論」思想。他把自己與許多自然科學家和某些理性主義哲學區別開來，這些人常愛用「知性」、「反思」

的觀點把自然與人的自我意識對立起來，把自然界看作是作為「物質產物」的「碎片」堆積起來的。而他自己則堅持要對自然界採取「直觀」的立場，就是要從自然界本身出發來看待自然界，從自然與精神的內在同一性出發，看從自然如何演化出精神來。謝林明確地表達了自然界從來就不是純粹的產物（排除了上帝創造自然的可能），而是一種自發的創造性的思想，自然界有其自身起源、產生和演化的內在規律性。這很類似於現代辯證唯物主義的觀點，但謝林對於發展進化的一些提法是很成問題的。譬如他把自然的演化看作是從有機物退化為無機物，從有機性向機械性的「退化」過程。「退化」是在自然本身的活動性中向自身的返回運動。「自然界是由最初的退化發展而來的……這種退化不可能是某種實在的東西，而可以被想像為一種活動，一種絕對的綜合。」這些說法都是非科學的術語，但謝林強調的倒是十分明確的一幅活生生運動變化的有機體的宇宙圖景：有機體的瓦解提供了無機物，死物質是活物質的基地，有機體是活的，它死而復生。

　　在後一部著作裏，通過副標題我們可以發現，謝林決不僅僅是為《自然哲學體系初步綱要》一書加以「導論」，事實上，是謝林對自己自然哲學思想的進一步清晰和明確地表達。他已找到了標誌其自然哲學體系特徵的新概念，即「思辨物理學」或者說叫做「物理學的斯賓諾莎主義」。單純從經驗自然科學的立場，或單純從哲學思辨的斯賓諾莎哲學立場均不能表達謝林思想的特徵，而要從兩者的融合或統一的立場去看待它。

　　謝林首先強調的是他的自然哲學與作為經驗自然科學或一般理論物理學的區別。自然哲學是從屬於哲學的，而哲學的對象是「無條件的東西」，是「絕對」。「自然哲學」之從屬於「哲

學」，就是要研究自然中的「絕對」，而不是一般具體的作爲物體之集合的自然物。而自然科學理論研究的則只是特定的對象，特殊的東西，它把特殊的東西只當作特殊的存在物而同絕對相分離，因而也同哲學相分離。總之，按謝林的規定，自然哲學探討的是作爲絕對的、無條件的、一般的自然；作爲自然科學的物理學研究的是相對的、有條件的、特殊的自然。前者研究的是存在本身 (Sein selbst)，後者研究的是存在物 (Seiende)。其次，謝林又強調他的自然哲學與物理學研究方法的聯繫，即用自然科學的首要原則——從自然本身說明一切——來解釋自然，而不能有任何唯心主義的解釋方法。他說：「任何從自己的專門領域搬用到自然中去的唯心主義解釋方法，都會變成盲目的無稽之談。」這種解釋方法之所以能和「斯賓諾莎主義」掛起勾來，是因爲斯賓諾莎強調「實體是自因的」，即把實體理解爲「在自身內並通過自身而被認識的東西」。以此出發，斯賓諾莎把自然分成「創造的自然」和「被創造的自然」❷，前者就是指在自身內並通過自身而被認識的東西，因而是從自然本身來說明自然的客觀的物理學的方法。後者僅只是指作爲這種創造性自然的全部式樣，是具體的自然物。這種自然不能從自身來說明，而必須從與創造性的自然（它等於唯一的實體：神）的必然聯繫中才能說明。因此，謝林把他的自然哲學稱之爲「思辨的物理學」或「物理學的斯賓諾莎主義」，其意義就在於強調其自然哲學「思辨性」和「

---

❷　「創造性的自然」（natura naturans）和「被創造的自然」（natura naturata）也譯作「能動的自然」和「被動的自然」。這種區分始於布魯諾，謝林在《自然哲學體系初步綱要》中接受了這種區分並用於闡述自然的主體性思想。具體分析見後。

客觀性」。就「思辨性」而言，自然哲學不研究自然的特殊定性，而研究自然的構成原則；就「客觀性」而言，不能把哲學家的主觀態度當作自然的原則，而要從自然本身去認識自然的規律。眞正把兩者統一起來，才能是自然哲學。總之，在謝林眼中，自然哲學之成爲自然的哲學，不僅僅必須超越於對純粹事實的觀察描述達到一般的理論抽象（這是自然的科學理論也能達到的），而且還要超出一般的具體科學的理論達到「絕對」的高度，這種「絕對性」就是指超越於作爲產物的自然而去研究作爲自然之本源的創造性活動。即自然之爲自然的構成條件。只有在這個意義上，人們才能理解謝林所說的「思辨物理學」首要的課題就是關於自然科學的無條件者的研究。

　　當然，謝林在這部著作中也沒有把自然科學和自然哲學截然分割開來，而是力圖找出從自然科學到自然哲學過渡的可行性，以免科學脫離了哲學而哲學也擺脫了科學❸。謝林得出的結論就是，自然科學和自然哲學之間沒有不可逾越的鴻溝，在其最高的目標和必然的趨向上看，自然科學必定會朝向自然哲學進展，從而在二者之間造成一種連續性的過渡。這就是說，雖然經驗自然科學是以經驗爲基礎，把客觀的東西當成第一位的，但是它不可能停留在經驗的或客觀的東西上，其任務或最高目標是要把客觀的東西表象爲理智的東西，變成規律，成爲理論。謝林說：「自

---

❸　後來的實踐證明謝林的這種看法是極爲深刻的，因爲作爲思辨的自然哲學典範的黑格爾自然哲學，由於只關注其作爲哲學本身的思辨性而對自然科學的事實作出了種種想入非非的臆測，給自然哲學本身帶來了災難性的後果，自然哲學從此被自然科學家所拋棄。當代學者重振自然哲學的努力之一就是力圖把哲學的假設建立在實證科學的材料之上。

然科學的最高成就應當是把一切自然規律完全精神化，化爲直觀和思維的規律。」「完善的自然理論應是整個自然界把自己溶化爲一種理智的理論。」由於自然科學都有一種把自然理智化的必然傾向，這便和自然哲學的思辨課題——從自然中生發出理智的自我主體——一致起來了。因此，在謝林看來，自然科學和自然哲學沒有質的區別，前者正是通過把自然理智化這一傾向「才成爲自然哲學」。它們的區別僅在於自然理智化的程度不同。純粹的自然或僵死的自然只是一種無意識的、不成熟的理智，而自然通過人，通過我們稱之爲理性的東西，它才破天荒地第一次回復到自身，從而眞正表明它同在我們之內認作理智與意識的東西本來就是同一的。

在自然科學最新成果的啟發下，謝林悟出了這樣的思想：在自然序列和精神序列之間不僅存在著平等現象，而且也存在著更深的歷史的聯繫。通過進化的自然科學的稜鏡來觀察自然界，自然界就在謝林面前展現出這樣的面貌：它自動地、不依賴於我們的意識和我們對它的作用「用自己的智慧」規劃出自身發展的路線，並且通過自己的努力沿著這條道路前進，一直到通過人而意識到自身。這樣，隨著自然科學意識到自己的任務並接近於解決這一任務——即表明從自然的發展向精神發展的轉化，從客觀向主觀，從無意識向意識的轉化——它就變成自然哲學了。而對這一轉化過程的描述便是謝林自然哲學思辨的內在內容。

下面我們可以對謝林在上述幾部著作中所表述出來的思辨的自然哲學思想特徵加以綜合概述了。

思辨的思維是從自明的原理出發，把其中潛在的內容實現出來的一種先驗思維方式。正像知識學的思辨必須超越於經驗自我

而達到絕對自明的自我意識這一原理一樣，謝林認爲，自然哲學的思辨也必須超越於一般具體經驗的自然物而達到自在的「自然本身」，以此爲前提來完成對自然的思辨構成，即構成作爲一切存在的總體的自然。這就是說，謝林的自然哲學不是以現存的自然對象開始，而是從對象的構成開始，即從對象的生成中考察對象。這是其自然哲學思辨的最爲本質的特徵。

　　然而，謝林明確意識到如果「自然本身」不是一種活動，一種創造過程，自然哲學是無法從這個靜止的前提出發構成作爲一切存在的總體的自然的。這就使得謝林不僅必須把「存在本身」和「構成本身」視爲同一個東西，而且必須把「構成本身」看作是和「活動」同一的。他說：

> 因此，存在本身無非就是作爲構成本身（construiren sel-bst），或者說構成一般地只有作爲活動才是可想像的，無非是作爲最高的構成活動。這種活動儘管自身從不是客體，然而卻是一切客觀的東西的原理（原則）。❹

這種構成性的活動之所以能成爲一切客觀東西的原則及其自然哲學思辨的原理，原因就在於它是一種本源性的東西（Ursprüng-liches），而單個的具體存在只能被看作是這種本源性活動的一種特定形式或限制。因此構成活動也就是使這種作爲自然本身的本源性顯現出來的運動。這樣，對謝林來說，自然界的存在就是生成，生生不息地構成自身，正是生成（而不是事物或產物）才

---

❹　《自然哲學體系初步綱要》，《謝林全集》，卷 2，頁12。

是自然哲學的對象和構成存在本身的東西。自然僅就它原本只是創造性活動而言，它是純粹的同一性，在其中沒有任何東西能區別開來。但是，如果沒有一種矛盾或對立內在於它之中，它也就不可能運動起來，變自身純粹的主體爲主—客體便是不可想像的。但是，與純粹的同一性相對立的差別或對立，不可能在它之外，因爲在它之外什麼也沒有，否則它就不是「絕對」的同一性了，所以，同一中應該有對立，應該有某種東西被區別開來。這樣，純粹的同一性就被揚棄了，自然必須不是同一性，而是兩極性(Duplicitaet)。既然自然原始就只是這種兩極性，那麼，在自然的本源的創造性中就已存在著相互對立的趨向：除肯定的趨向外，一定有阻礙它的趨向與之對抗，後者「不是消極的（Verne-inende），而是否定性的（negative）」趨向。按照謝林的方法，原始同一性中的兩極性和兩極性中的同一性，表達了自然界中占統治地位的「矛盾的」規律，它構成了自然界的發展和創造的原則。這樣，也就不再需要一種外在的超自然的「第一次推動」的幫助，就可以解釋自然界的運動的開端了。

但是如果自然界是一個不斷的創造過程，一個無限的生成，那麼，它又是如何達到我們從經驗中所知道的產物的穩定性呢？謝林是通過生成的漸進性來解決這個問題的。絕對的創造性經驗地被表現爲以無限大的速度的生成，而產物的穩定形態則只是生成的一種相對靜止狀態。他說：

因爲自然作爲無限的創造性，本來必須被理解爲在無限的進化中，那麼只能這樣來理解自然產物（例如有機的產物）的靜止，即不能想像爲絕對的靜止，而只能表象爲一

種以無限小的速度或者無限的遲緩（Tardität）的進化。

因此，自然變自身爲客體的無限生成過程，就在其自身的無限創造性中、在一種靜止與再造的辯證運動中達到了持續的進化。自然本身既是創造者，又是創造物，而創造者的無限創造性就反映在被創造物中。產物是無限創造性的，這在謝林那裏被總括爲物質的概念。自然界必然以物質的形式呈現給我們並被我們所認識。

謝林實現自然哲學之思辨的最高任務的途徑是使自然律動與理智律動相對應。他認爲，整個自然是有生命的大的有機體，之所以如此，就在於它不僅是有組織的，而且還有一個統一的創造性力量在其中。而這個創造力量既不是無目的的，衝突對立的兩方最終也能够得到和諧的調解，所以大自然必有一「宇宙靈魂」（Weltseele）主宰著。這種宇宙靈魂的觀念當然免不了唯靈論的成分，但是，謝林在其自然哲學中更主要的還是指一種不自覺的精神。這種不自覺的精神不是外於世界的一種靈魂，而是自然本身在向成熟的人的理智生成過程中的無意識的理智，因而更帶有一種泛神論乃至物活論的色彩。這種靈魂或精神之所以是無意識的，不自覺的，原因就在於它在自然中只進行創造而不從事反思。但是，自然產物之表現爲一持續的進化，這一過程正是這不自覺的精神努力以求自覺的不同表現。自然界作爲某種已成的，從自身中產生的東西，作爲穩定的和止於自身的東西，在自然哲學中表現爲完結了的、僵化了的理智。而自然界作爲自身的產生者則是不斷成熟的、不斷生成的理智。當然，這種生成是自然界自身結構層次的上升運動。

謝林在哲學史上第一次試圖確立並一步步考察自然界中對立

物發展的階段，磁、電和化學現象構成了運動上升過程的三個級次。他往往在自然科學家提供實證材料之前就用自己的理論學說確定了磁、重力、電、伽瓦尼現象、化學現象、熱、光等的多方面的聯繫的轉化。在這裏他遵循的是各物質過程普遍聯繫和逐步向較高級形式上升的思想。最高級的過程不但具有低級現象或過程的豐富性，而且還起著各低級過程的聯繫環節的作用，是所有各低級過程的實現了的本質。這樣，在謝林那裏，有機生命就不是簡單地與其他現象並列的一種物質現象，而是整個物質生命性的最高表現，是實現一切沉睡的、向生命發展之層次的最完善的形式。

謝林提出自己的生命學說是爲了解決機械論和活力論雙方的缺陷。機械論不僅解決不了自然界運動的最終原因，而且也不能令人滿意地回答這樣一個問題：爲什麼在有機體中物理的、化學的和其他的因素彼此恰好是這樣而不是用別樣的方式聯繫起來？用目的論加以說明，就是把意識引進自然界，而意識卻恰好是有待於從自然界引出，從自然界加以說明的。另外，正是由於機械論的這些缺陷，才發展出活力論的觀念，即爲了解釋生命，引進了特殊的趨自然的「生命力」概念，這樣一來在生與非生之間就出現了一條不可逾越的鴻溝。但「生命力」仍然沒有說明任何有機現象，因此，謝林正確地指出，這是一個十分空洞的概念，是「未成熟的理性的產物」。謝林堅信，生命概念應該而且必須從自然界本身的原則中加以說明。這個原則也就是自然生成和理智成熟的相對應的結構運動。在謝林這裏，有機生命像磁現象一樣，蘊含著同樣的矛盾。有機體的個體生命並不是和機械力相並列的另一種「力」（生命力），而僅僅是自然界的普遍生命的特

殊表現形式。整個生命現象的根據就是自然界的原始創造力，是與作爲整體的自然界的最核心本質相符合的「世界靈魂」。因此，謝林認爲：在一切物中，本質的東西就是生命；屬於偶然性領域的只是其生命的形式。所謂非生物的自然界只不過是「僵死了」的生命。這樣，謝林就正好把機械論的世界觀顛倒過來了。世界中最本源的質素，不是無機的自然事物，而是有機組織的創造力。生命不是死物質的有機化，反之，死物質乃是生命過程的僵化或熄滅。事物不是構成有機體的原則，有機體才是事物的原則或本質。自然之謎不是生命如何發生，而是生命如何潛伏地經過表面上不是生命的階段，進而發展爲植物動物的階段。精神之謎亦不是如何從動物生活中會發生意識，而是潛伏在無機與有機的自然中的沉睡的精神，如何會在人類中醒悟過來生成爲自覺的意識。解答這一精神之謎的關鍵在於，把自然律動與理智律動相對應，並且把每一個同一性結構都看作是潛伏著的精神或理智向著不斷成熟、自覺的精神或理智發展過程中的一個階梯，而個人意識即是最後的一個階梯，在這裏潛伏著的精神達到最高的自覺，成爲有明確意識的理智的思辨主體。

在這裏，自然哲學就過渡到先驗哲學成爲先驗知識論的起點了。從而完成了對費希特知識學的補充和修正。

二、對「知性」思辨的加工改造

自然哲學體系的完成，使謝林獲得了巨大的聲譽，這位二十歲剛出頭的年輕小夥子，不僅使哲學界的老哲學家們大爲震驚，而且得到了像席勒和歌德這樣的大文豪們的賞識。正如我們在前面提到的那樣，正是在歌德的鼎力相助之下，年僅二十三歲的謝

林一下成爲耶拿大學的哲學教授，這在古今世界都是極爲罕見
的。這樣一來，謝林從 1798 年開始，便成了費希特的同事，不
過時間很短，由於費希特在這一年裏圍繞著弗里德里希‧卡爾‧
弗爾貝格〈宗教概念的發展〉的一篇文章捲入到了所謂的「無神
論事件」之中，受到了官方的斥責。費希特感到這是對他的蓄意
迫害，因而一氣之下辭掉了耶拿大學教授的教席，於1799年3月
去了柏林。不過就費希特與謝林在思想上的關係而言，這種同事
間的分別對謝林是大有好處的，至少可以讓謝林少受費希特偏頗
的理性主義的影響，堅定不移地沿著自己所開闢的道路前進。這
樣說是因爲謝林和費希特在當時對於他們兩者各自思想的差別並
沒有清楚地認識，儘管自然哲學和知識學事實上已成各自獨立的
學說了。在這時，對於謝林思想進一步發展具有重大意義的另一
件事是謝林結識了後來的浪漫主義首領諾瓦利斯。當時他剛從耶
拿大學畢業，正在萊比錫研究礦物學。本名爲「弗里德里希‧
封‧哈登伯格」，諾瓦利斯是他後來登上德國文壇的筆名。由於
前面已有了生平簡介，這裏我們將略去謝林和歌德以及浪漫主義
之間交往的細節，著重分析一下謝林是如何對以費希特爲代表的
正統理性主義思維方式進行浪漫化的加工改造從而表達出他自己
浪漫的自然觀的。

　　對正統理性主義思維方式的修正，其關鍵的一步就是要找出
它最根本，最有代表性的弊端來。謝林認爲，這就是「知性」思
維或「反思」。對於這一點，康德在《純粹理性批判》中用了大
量的篇幅說明知性思維的特徵，即運用已有的概念、範疇對感性
給予我們的經驗材料進行分析，整理和綜合以及把它們「統攝」
在概念之下的一種認知能力。這是一種高於感性又低於「理性」

（辯證理性）的能力。但由於康德所說的那種「理性」的最高的
綜合統一能力一再必然地要陷入到虛妄之中，實際上，對於外界
對象的認識總只能是處在「知性」或「反思」的規定之下。與康
德稍有不同，謝林是在更大範圍內把「知性」或「反思」作為一
種二元論的思維形式，即在認識之前就首先把認識主體和認識對
象對立起來，分離開來；然後認識主體再運用概念對認識對象進
行分解、規定和把握。這種思維方式實際上是近代以來科學理性
主義的主要特色，因而謝林開始時也是運用這種思維方式的。在
1797年出版的《自然哲學觀念》中，他也還是強調哲學思辨必須
要以人同外界的分離和對立為起點，他說：「當人自身同外部世
界對立起來時，這就出現了通向哲學的第一步。隨著這種分離，
思辨才得以開始。」❺ 但這時，謝林對傳統理性主義特別是費希
特式的不涉及「內容」而只管「形式」的「純粹思辨」深惡痛
絕，說它是「人的一種精神疾病」，「是一種禍害」。只是，他
尚未把這種「純粹的思辨」和「反思」、「知性」等同起來。但
是等到 1803 年《自然哲學觀念》第二版出版時，人們就發現，
謝林把原來他所批判的「純粹的思辨」之處，一律改為「純粹的
反思」。那麼，謝林到底是從什麼時候就認清了「反思」（知性）
思維形式的弊病呢？從其著作來看，最早是在 1800 年的《先驗
唯心論體系》中，在這裏，謝林才首次明確地把自己的思辨立
場確定為以先驗的理智直觀為形式，並把它同費希特甚至康德的
反思立場對立起來，排除任何以反思為中介的可能性。但如果我
們不從謝林對於這種「理智直觀」作為其特有的思維形式的確

---

❺　《謝林全集》，卷1，頁663，慕尼黑，1927年，德文版。

認，而只從他事實上採用的思維方式特徵來說，那我們完全可以說，謝林整個自然哲學從整體上一開始便是強調直觀而反對反思的，就是說，他的自然哲學是立足於直觀性思辨來改造反思式或知性思辨的。因爲謝林從一開始就是要達到這樣一種認識或者看待自然的方式：不要由已經形成並且已從自然界「分離出去」了的意識的角度，而要返回於自然本身，從自然的角度來認識它。這就是說，我們不能從外部去認識和理解自然，而要採取自然本身的直觀的觀點，以便不把自己主觀的視野，自己理性的光輝帶入自然界。確切說。謝林是要表明自然界自己怎樣通過自身而展示一切，最後展示出從自然中派生出來的最高對立物——理智。由此可見，這一過程是自然界自身發展，自我分化的一個無限系列。這個系列之所以是無限的，就在於它是連續的、不中斷的過程。謝林吸收了萊布尼茨的「自然界中無飛躍」的思想，自然界中的一切創造性都是絕對的連續性（Continuitaet）。因此，這種絕對的連續性只對於直觀而存在，而不是對於反思而存在的。當謝林說：「直觀與反思是相互對立的。無限的系列持續地只對於創造性直觀而存在，對於反思來說只存在著中斷和組合」時，那麼在反思的立場上看自然，自然就被分離開來，彷彿都只是相互並列地存在著而沒有連續性。因而在謝林看來，所謂的「原子態物學理」(atomistische Physik) 就是立足於這種反思的立場，而他自己的所謂「動態物理學」（dynamische Physik）則是以直觀爲立足點的。

在謝林那裏，動態物理學的主要原則，就是從自然之創造力出發，去分析說明自然中運動與靜止的關係。他承認，力使自然處於運動之中，也正是力使自然處於平衡狀態，即靜止。謝林

說：「因爲在自然的靜止中也存在著運動，這是動態哲學的主要原理。」❻ 這些思想同康德是一致的。但同康德不一致的地方在於，謝林不滿足於康德從作爲產物的物質爲前提並對它作一種牛頓意義上的機械論分析。就是說，康德是通過對自然產物的知性分析來表明物質擁有一種動態的結構並通過諸種力的關係來建構自然。他滯留於先驗批判的方法，從對作爲結果的物質的分析中引導出物質的先天可能性條件。而謝林從一開始就反對對自然的一種知性分析，他認爲自然現象逃脫了知性可以把握的範圍，只要用知性分析，即以反思爲立足點來思考活的整體，這個整體就馬上會化作無靈魂的石頭般的東西而僵死，就像遇到戈爾貢妖婦的目光一樣。這樣，人們就不再同自然界本身打交道，而只同自然界的屍體打交道。屍體當然是隨便讓人解剖、分割的。

謝林之所以能够超越康德的反思立場上的知性分析，還由於他吸收了康德在第三批判中的自然目的論的觀點，這種觀點超出自然的機械論之上，把自然看作是一有機的整體，每一事物都是自然整體的一部分，與其他部分處於有機聯繫中。另外，謝林又把康德所設想的「知性直觀」的觀點進一步結合費希特的「本源行動」概念並加以改造，這不僅爲他超越康德，也爲他超越費希特提供了條件。費希特的「本源行動」當然是一種知性直觀的活動，但謝林不滿意於費希特之處在於，本源行動僅僅是一切從自我的活動開始，又最終回復到自我的創造自身的直觀活動，這個「自我」是一個能動者、創造者、自由的主體，或「天才」，但康德尚且把「天才」歸於大自然的產物，費希特卻對這個主體的

---

❻　《自然哲學體系初步綱要導論》，《謝林全集》，卷2，頁 286。

自然根源隻字不提，在他看來，作爲推動自我活動起來的對立面僅僅是以與「正題」並存的「反題」形式而邏輯地聯結於自我的。費希特對自我根本不作內在的考案，自然作爲自我設定的非我，是不進行生成的客體，只是自我無限活動的必要阻礙物。因此，眞正說來，費希特的「知性直觀」只涉及知識學的出發點，即「本源行動」，它既未能超越這一本源運動僅僅作爲體系的邏輯前提這一屬性，且在它之後一切推演也都只是在思辨的抽象層次上，而非直觀的層次上展開。所以，謝林認爲，這種以自我意識活動爲絕對出發點的抽象思辨方式是永遠不能達到意識與自然、自我與非我的眞正同一的，因爲他一開始就把意識同自然相分離，他所集中注意的是，主體自我如何脫離自然界，不依賴於自然界而自己規定自己，有目的地形成自己。自然在費希特的知識學中不僅沒有地位，而且簡直被忽略了。謝林完全明白這種使意識與自然相對立相分離的純粹知性思辨的危害性，所以在1797年就把純粹的思辨當作一種禍害，一種精神疾病，然後又把純粹的反思在完全相同的意義上加以貶斥。

那種認爲謝林新的自然哲學的產生只是把費希特現成的思辨方法從主觀的一極推向客觀的自然這另一極的觀點是很膚淺的，因爲謝林一經完成了自然的生成過程，自我就不僅僅是構造知識學體系的邏輯活動，而且成了自然界無意識的原始創造力。換言之，自我不僅僅是邏輯的，而且像自然那樣，在其深處是充滿詩意的。這樣的自我就簡直成了康德美學中所讚譽的「天才」了。思辨也不再立足於反思而是完全立足於直觀了。

較之反思的思辨，謝林直觀性思辨的優點就正在於它返回於思辨概念和思辨主體的本源的生命創造性，能夠衝破邏輯的嚴格

設定，使被抽空了的僵死東西運動起來，獲得生命，獲得內容，因此成爲展現浪漫精神的重要手段。而把這種直觀的思辨運用於自然哲學的構思，自然不僅被直觀爲一首本源的詩，而且成爲了一切生成創造的主體。人對自然的回歸，乃是自然向著人的意識的呈現。人與自然的統一，意識與無意識的統一都在直觀的連續性中顯現出來，而不是在反思中被組合起來。

三、自然哲學中的浪漫精神

謝林的詩人哲學家氣質，使他對自然一直採取半鑒賞半研究的審美態度，早在 1795 年《關於獨斷主義與批判主義的哲學通信》的結尾，謝林就說過：

> 當我們的精神走出思辨狀態，返回於對自然的欣賞（Genuβ）和研究，它便感到了自由，而不必擔心，由於他的不滿足的精神一再回溯的騷動而被重新引回到那種不自然的狀態。❼

謝林關於自然之詩性、自然作爲主體以及自然與人和諧統一的思想和信念不僅表達了浪漫主義者崇拜自然的理想及其原因，而且對此所給予的思辨論證是浪漫主義者望塵莫及的。這便使謝林獲得了「浪漫的自然哲學的奠基者」的地位❽。下面我們就從兩個

❼　《謝林全集》，卷 1，頁 265。
❽　參見彼特·盧本(Peter Ruben)：〈謝林和浪漫的德國自然哲學〉。在這篇論文中，作者把黑格爾的自然哲學稱爲思辨的，而謝林的則是浪漫的。見《自然·藝術·神話》，頁45，德文版。

方面展示謝林自然哲學的浪漫內容。

1. 自然的詩性

　　浪漫主義者崇尚詩性，就因爲詩性的東西逃脫了枯燥而刻板的邏輯性的規範而表達出一種非凡的創造性，在他們看來詩性就等同於創造性，而且是無意識的和無限的。浪漫主義者之所以把青年謝林作爲他們的精神領袖，原因之一就在於這時的謝林把費希特的創造一切的自我自然化，從自然中找到了其創造性的根源，使之經歷自然創造的階段，最終成爲眞正的主體，既來源於自然又出自於歷史。謝林就是這樣把自然作爲一首本源的詩並把浪漫主義者的自然觀（如諾瓦利斯所說的「自然界是純粹的詩」）納入了客觀唯心主義的軌道。他認爲：詩也是哲學，但它不是冒冒失失地搶先說話，只是主觀的回響，而是一種內在的事變，爲對象所培植，正如天體與天籟一樣。首先是事物本身的詩，在此之後才是言語的詩。謝林正是以創造性這種詩意的自然爲出發點，在其內在的創造過程中使自然成爲兩位一體的東西：既是創造者，又是創造物，既作爲創造自身的主體，又是從自身中被創造出來的客體。這種區分就同浪漫主義者心目中的兩個自然界對應起來：經驗的──想像的，現有的──應有的，科學的──詩意的。只有那種無限創造性的自然，才能稱得上是「精神原始的，還沒有意識的詩篇」，因爲對謝林而言，「自然在本源的意義上只是創造性」，而作爲已成的、從自身中被產生的客體性自然，在自然哲學中表現爲完結了的、停滯了的、僵化了的理智。

　　在謝林那裏，創造也是以雙重的方式進行的：「或者是盲目地或無意識地創造，或者是自由地和有意識地創造」。但由於自然哲學的最高課題是解決從浪漫的自然如何發展出人的有意識的

思辨主體，因而有意識的理智就不是自然創造性的條件而只是自然之創造性的最高產物。在這種意義上，自然的創造就必然表現為一種無意識的詩意創造過程。但是，謝林哲學追求同一性的結果還在於不把有意識的和無意識的創造看作是絕對對立的，而恰恰是要消除這種對立，其方法是把無意識活動看作原始同一的並彷彿與有意識活動出自同一根源。這樣，謝林就把無意識的創造與有意識的創造都看作是出自自然之本原的創造力，如果說詩的本性就表現為創造性的話，那麼自然就是一首本源的詩，而有意識地、自由地創造的語言的詩只是對這一本原的模仿。

自然的詩意創造性被謝林描述為一種辯證運動的過程，由於他是從自然本身出發，從自然內在的既對立又同一的矛盾性中尋求發展的動力源泉，所以他使「自然的辯證法發展到了一個嶄新的階段」：即從費希特主觀意識的辯證法發展到了自然的客觀辯證法。這種辯證法與黑格爾的思辨的辯證法不同，因為在黑格爾那裏，真正運動變化的是邏輯的理念，是邏各斯，而自然只不過是它的外在化。謝林則真正返回到了自然的實際運動本身，就此而言，他的辯證法是客觀的，但謝林的自然就其是由世界靈魂主宰而言，他的辯證法又有唯心論的不徹底性。所以，謝林的自然辯證法之所以受到馬克思的高度重視，並被譽為「真誠的青春思想」，原因就在於，它表現了客觀唯心主義辯證法與唯物主義辯證法的接近。施忑芬‧迪持(Steffen Dietzsch) 正是這樣說的：「謝林以其自然哲學使德國古典資產階級哲學世界觀同唯物主義思想相接近」❾阿爾森‧古留加（Арсений Гулыга 1920～ ）也說：「德國哲學正是通過謝林而擁有無畏的唯物主義者和無神

---

❾ 參見《自然‧藝術‧神話》前言，1978年德文版。

論者。」❿ 但是，另一方面，正如彼得・盧本 (Peter Ruben)
所言，謝林的自然辯證法思想「決不已經是我們馬克思列寧主義
『自然辯證法』的一個正面的先行階段」。這除了謝林辯證法的
唯心主義性質外，原因還在於，謝林不是把辯證法當作一種科學
的方法，而是把辯證法浪漫化、詩意化。他有意識地把理智的不
自覺的辯證法讚譽爲自然中的詩。如果說自然本身就是詩的話，
辯證法則是詩中之詩，是詩的靈魂。因爲正是通過辯證法，自然
才能把自身呈現出來成爲客體，這種呈現自身的方式正是語言的
詩性特徵，而且自然對自身的呈現，同時還是宇宙的圖像，絕對
的表達，這更是詩的語言才能做到的。因此，使自然得以呈現的
辯證法就完全成爲眞正的「詩」或詩的語言。由於謝林把詩看作
是天才的能力，因而他也強調辯證法的神秘性。他說：「辯證的
藝術不是科學的哲學！」

> 　辯證法有其無法學習的方面，而且簡直就是以創造性的能
> 力爲基礎的。這種創造性能力，就像人們按照這個詞的最
> 初含義在哲學上可以稱爲詩的那種東西一樣。⓫

在詩人、科學家和哲學家之間，只有眞正擁有了這種共同的詩的
語言，即自然界本身的語言，才能眞正洞悉自然的詩性，而且自
然也正是靠著這種能夠直接表達絕對的詩性語言，才使自然本身
成爲「主體」。

2. 自然作爲主體

---

❿　　古留加：《謝林傳》，頁51。
⓫　　〈學院研究方法講座〉，《謝林全集》，卷 3，頁289。

　　主體的概念在近代哲學中，或者是知識的，或者是意志和行動的本原性原則，確立人的主體性構成了從笛卡爾到黑格爾哲學的本質規定。而所有的主體性哲學都是以主體和客體的二元對立為前提，並試圖通過主體（人）對客體的克服來消除這種對立，由此而高揚人的主體性或能動性。康德和費希特的知性哲學正是這樣，從自我（主體）出發，必然需要一個與之對立的客體，通過反思的中介，就牢固建立並永久固定了客體、外部自然與主體表象或自我意識內在生命的區別，自然和精神的區別。這樣，自然成了外在性，即精神或意識的對立面。人們為具有自我意識的主體存在，與自然疏遠了、隔離了。他雖然能賦予自然以規律，如康德以「人為自然立法」來高揚人的主體性，但卻不得不留下一個不可認識的「自在之物」與人對峙著。因為從自我的立場出發，我們所想的就不再是自然「自在的」是什麼樣子，而只考慮「為我們」而存在的方面。這也就不可避免地導致了費希特的自我對非我（自然）的態度：「理性同自然界處於持續不斷的鬥爭之中」，自我主體性的方針就是要像制服野獸那樣制服自然界，不是同自然界和諧相處，而是要在鬥爭中強迫它臣服於主體的意志。

　　從費希特到謝林所發生的變化就是：試圖對自然界採取「無所企圖」的、無功利的觀點，對它採取鑑賞的和理論的態度，而不採取敵視、征服、強迫服從的形式。謝林認為，如果不採取這樣的態度，那就會妨礙我們去理解自然獨特的、自在的實質。因此，謝林把他和浪漫主義者對自然的崇拜，上升為理論上對自然的尊重，這種崇拜或尊重在謝林這裏的哲學表達形式就是自然作為主體的思想。

　　這一思想的最初提出是在 1799 年的《自然哲學體系初步綱

要》中，不過，在這本書中，他並沒有用「主體」這個詞，而只論述了自然的「自律性」（Autonomie der Natur）和自然的「自足性」（Autarkie der Natur）。謝林認爲：自然以其自身爲界限，因而不會有外力侵入其中；它的一切規律都是內在的，或者說：自然是其自身規律的給予者，這就叫做自然的自律；同時，由於在自然中所發生的，必須從存在於自然之中的活動和運動的原則來說明，因而，「自然是自滿自足的」，這就是自然的自足性。

自然的自律性說明它不需要人爲它立法，其規律是內在於自身之中的，這同康德的思想形成了鮮明的對照。在康德那裏，只有人的自由意志才是自律的，而自然則永遠是由作爲主體的人爲其立法。謝林強調自然的自律性就明確地突出了自然規律的自在的和本原的性質。這按照唯物主義的說法，就是承認了自然規律的客觀實在性。

自然的自足性則是從人對自然的解釋和說明的角度而言的，這就是說，自然的認識者不應把主觀的圖式運用於自然，只有從自然自身之內存在的運動原則說明自然，才能認識到一個自在的客觀自然。謝林在這裏的明確意圖就是反對「經驗物理學」對自然的機械論解釋，因爲機械論只是同自然的機械運動這種第二位的運動打交道，從未達到自然最終的第一位運動泉源。謝林認爲，只有他的「思辨物理學」才唯一地和單獨地探究自然中原始的運動原因，因而單獨地探究動態的現象。如果說，自律性強調了自然及其規律的客觀性的話，那麼，自足性則強調了對自然認識的客觀性應遵守的原則。因爲謝林在論述了自然的自律和自足之後，接著就把兩者歸納爲這一原理：「自然擁有無條件的實在性」。

　　有了自然的自律性和自足性這兩個條件後，謝林就可以明確地提出他的「自然作為主體」的思想了：

> 我們把作為純粹產物的自然（natura naturata）稱作為客體的自然（一切經驗都與其相關）。我們把作為創造性的自然（natura naturans）稱作主體的自然（與此相關的只是一切理論）。❷

聯繫到關於自然的自律和自足性的觀點，我們可以認為，謝林之所以把那種本原性的創造性的自然作為「主體」，是因為它能夠不依賴於客體的自然，甚至也不依賴於人及其理智，而只依賴於自己內在的創造力和內在的規律性把自己從潛在的狀態中實現出來，呈現出來。這種作為本原性的獨立自在的、創造性的東西就是主體，因為它既是一切生成、顯現活動的始基和可能性（本原），又是創造和顯現活動的「主詞」，而客體的自然只是由這主體派生出來的客體，是「主詞」中所包含的各種可能性的現實化或者說是「主詞」中所潛在的內容的明確表達，因而是它的「符號」或「現象」，是「主詞」的「賓詞」。

　　自然作為主體的思想之所以是浪漫的，大致有三個理由：一是**它把自然的地位看得如此之高，以至於它像人一樣是獨立的，有創造性的、有生殖力的，甚至是有「靈魂」的**，這正是浪漫主義者寄情於自然，和自然同淚同笑的根源。第二，**它把自然的實在性同自然的創造性和辯證法聯繫起來，也即同自然的詩性聯繫起來**，這同浪漫主義者諾瓦利斯的哲學核心：越是富有詩性的東

---

❷　〈自然哲學體系初步綱要導論〉，《謝林全集》，卷2，頁284。

西就越眞實的思想是完全相同的。這不僅從主觀上表達了對現實
生活進行詩意魔化的理想，而且還從理論上證明了：不僅是人，
而且還有國家和歷史，都應具有自然這一詩性的基礎。正是在這
一客觀基礎之上，他把國家和歷史看作是「第二自然」，這同時
也是爲了尋求人的主體性的客觀性基礎。第三，**它通過自然的理
想與現實，應有與實有的同一性關係表達了浪漫主義者對人與自
然應保持和諧統一的這一永恒要求和信念。**主體的自然作爲能創
造的東西是理想的，如果它不在自身的創造物中體現出來，那麼
只能停留在「應有」的水平上。就謝林把創造視爲無限的，把生
成視爲永恒的而言，自然在每一階段上都保持著進化與靜止的同
一，也就是說，理想的與現實的，應有的與實有的是保持著原始
同一而不會被分離的。浪漫主義者停留於對自然的詩意描繪，卻
不願對自然進行認識，擔心的就是人的反思式思維會破壞人與自
然的原始和諧。而謝林一方面通過創造性直觀而使人的意識與自
然的潛在的精神直接地保持著原始的同一，另一方面，謝林又是
通過自然的目的論形式去揭示自然自身的呈現，即自然系統的發
展是理想的自然即本原的自然之必然的漸進的自我表達；而當本
原的自然轉向爲派生的自然時，主體性也轉化爲客體性，在表象
世界也即在人的認識的理想世界中就達到了內在的同一。在自然
的目的論系統裏，自然朝著一個點發展，在這個點上，它在人的
精神中並通過人的精神而返回自身，完成了自然本身的主體性構
造。在這個過程的終點就是這樣的認識：人對自然的認識就是自
然對自身的認識。自然這一浪漫的客體實現爲最高理想——思辨
的主體，只是沉睡的精神成了醒悟的精神。從經驗的、外在的觀
點看，無意識的自然和有意識的自我（理智）是分離的、對立

的，但從先驗的觀點看，它們之間實際上不存在分離，它們是絕對的「一」，自然是可見的精神，而精神則是不可見的自然。正如在自然中不存在飛躍一樣，在它們之間的動態發展過程中也只有漸進的運動。正是在自然中，在人同自然的這種和諧統一的關係裏，謝林爲自己也爲浪漫主義者找到了詩意的家園，這是他們共同心聲的表達。

在此，我們很難說謝林已經把理想與現實、主體與客體、無限與有限的對立統一關係表述得很清楚，我們暫且滿足於這樣一幅總的圖景：自然起初只是主體與客體、意識與無意識的潛在同一性，是絕對的象徵，通過把自身客體化而在表象世界中作爲主體性返回自身，然後在哲學思辨中把自己認作現實的理想，自然和精神的絕對同一。要達到這種統一，在謝林看來，就要從自然哲學所達到的這種最高點：理智的自我再返回於浪漫的客體（自然），形成一個內在運動的圓圈，才算完成了這一最高任務。而這就已經超出了自然哲學而進到先驗哲學和同一哲學的領域中去了。

第四章　登峰造極：同一哲學體系的全面闡述和完成

　　在對自然的哲學研究過程中，謝林深刻地領悟到並充分地論證了自然與精神的原始和諧與統一。自然界呈現於人類面前的那種生生不息的運動與永恒創造，正是內在於我們之中的精神的生命運動。這樣一來，實在的系列和觀念的系列就不是誰先誰後，誰產生誰的問題，而是在它們兩者之中始終貫穿著一個同一的原則。這個原則超出兩者各自的片面性，而又融合爲一，構成完全不可分的同一體。謝林把這個主客體無差別的同一性稱之爲「理性」（Vernuft）。正是這個絕對同一或理性才是一切哲學構思必須據以出發的東西。

　　在這裏，謝林的思想實質上達到了一個新的高度，新的內容。他不再像過去的哲學家那樣，或者把「主體」或者把「客體」看作是本原，看作整個世界同一的基礎。現在，能夠成爲這個「本原」或「基礎」的是兩者的「絕對」同一性，是「理性」。而作爲「絕對同一」的「理性」不是宇宙之原因，而實實在在地是宇宙本身。作爲哲學家不必到宇宙之外去尋找其同一的基礎，「宇宙」自身就是「大全」，是「絕對」，是內在於自身的「本原」同一性的展開、進化、運動。現在對於謝林的思想進展具有決定意義的東西在於，他明確地意識到他的思想與其原來所崇拜的費希特哲學已有了實質的不同。

　　這種不同，就我們研究者的眼光來看，實際上在謝林發表其
第一篇重要的哲學著作《自我是哲學的原則或者作爲人類知識中
的無條件者》時，就隱隱約約地表現出來了。特別是謝林在同年
發表的《關於獨斷主義與批判主義的哲學通信》一書中表現得十
分明顯。關鍵之點，就在於謝林充分地吸收了斯賓諾莎的實在論
思想。在他看來，批判哲學與獨斷論哲學的眞正區別在於，前者
從絕對自我出發，後者從絕對客體或非我出發，後一種哲學導向
斯賓諾莎體系，前一種哲學導向康德體系。謝林的目的就是企圖
把這兩者結合起來。這正是他區別於費希特之處。但就謝林和費
希特這兩位當事人來說，他們都未注意到這種差別，謝林把費希
特看作是哲學上的榜樣，而費希特把謝林當作自己的忠實信徒。

　　當謝林經歷了自然哲學階段，揭示出先驗主義自我的客觀本
原——自然時，他又於 1800 年完成了一部劃時代的著作《先驗
唯心論體系》。在這部著作中，謝林明確地把自然哲學和先驗哲
學看作是兩門方向完全相反而內容上又相互依存的同一體系的構
成成分了。自然哲學從浪漫的客體（自然）發展出思辨的主體
（自我），而先驗哲學則從這個主觀的思辨的自我返回到浪漫的
客體自然，並使之呈現爲思辨的客體。這樣就出現了一個起點和
終點相融合的同一哲學體系的原型，這表明謝林已爲綜合康德批
判哲學和斯賓諾莎獨斷論哲學找到了新的圖式。這種同一哲學圖
式已經完全超出了費希特是再明顯不過的了。但對於謝林本人來
說，儘管他在此書中多次不點名地表現出他對於費希特知識學體
系的不滿，但他自己仍然沒有自覺地意識到自己創造了一種全新
的哲學範式，已經超出費希特很遠了。換言之，他還是稀裏糊塗
地割不斷與知識學的聯繫，把《先驗唯心論體系》看作是知識學

的補充。當然，他們之間的分歧已經很明顯地表露出來了，這從他們兩人在1800年11月的書信交往中可看出來。11月15日，費希特寫信給謝林，表述了自己對於《先驗唯心論體系》的不同看法，按他的說法，自然界的實在性，是完全被找到的，得來的，並非合乎它固有的規律，而是合乎理智的內在規律。他認為科學通過一種純粹的抽象使自然唯一地成為科學的對象，然而科學必然把自然設置為絕對的對象並使自然靠一種虛構來自己建造自己，正如先驗哲學靠一種同樣的虛構使意識自己建造自己一樣。針對費希特指責謝林使自然脫離理智的做法是一「虛構」，把自然仍當作「意識的小領域」的做法，謝林也很不客氣地回信指責費希特，說:「知識學（即是純粹的，正如您所提出來的）還不是哲學本身，⋯⋯它的方式是完全單純邏輯的，根本無須接觸現實性。就我所知，它是唯心主義的形式上的證明。」❶

儘管這時兩者已經在為自己的哲學而指責對方，但雙方的語氣仍不失為和氣的，雖然和氣中帶著諷刺。而促使謝林自覺意識到與費希特的實質性差別，公開與費希特決裂的是青年黑格爾。儘管這個黑格爾後來成為德國古典哲學的集大成者，然而在當時，他比起他在圖賓根的同窗師弟謝林——已成為鼎鼎大名的哲學家——來說，他的確是默默無聞的哲學小卒。不過年滿31歲的黑格爾在1801年第一次署名發表的〈論費希特與謝林哲學體系的差別〉一文，確實引發出德國古典哲學發展歷程的一場「戲劇性變化」。這種戲劇性不僅由於黑格爾在這篇著作中的初露鋒芒，使人不得不正視他成為哲學大師的巨大潛力，而且明確宣告

---

❶ 《費希特與謝林通信集》，頁108，法蘭克福，1968年版。

了費希特在繼與康德的分裂之後❷，又必須面臨著與謝林曾經結下的聯盟的破裂。尤其是謝林一經外人點明了他自己哲學的首創性和獨立價值，他就自覺意識到與費希特的衝突實在是不可避免的了，因而面對著與費希特的書信論戰，他愈來愈感到正面闡述自己哲學體系已是迫在眉睫的任務了。

1801年5月，由謝林主編的第二期《思辨物理學雜誌》整版都刊載了他自己的一部綱領性作品〈對我哲學體系的闡述〉一文。這位年僅 26 歲的大學教授第一次在談論自己的哲學體系。在這部著作中謝林明確論述了他的哲學與費希特知識學的主觀唯心論的區別。他說，費希特可以把唯心論看成是完全主觀的，而他自己則相反把唯心論看成是具有客觀意義的。因為前者作為出發點的是主觀的主—客體：自我。而後者的出發點則是客觀的主—客體：自然。費希特是在與自然界（非我）對立的前提下堅持反思的立場從事哲學，而他自己則是在與自然界和諧統一的前提下，堅持直觀的立場構成世界的絕對同一性。如果說主觀的主—客體的「科學」叫做先驗哲學，而客觀的主—客體的「科學」叫做自然哲學的話，那麼，謝林此時正是把兩者綜合到一個更高的統一體中：主體和客體的絕對同一。他的哲學體系正是這種絕對同一性的哲學。所謂絕對同一性並不是某種主體與客體、觀念與實在之間的中性的東西，也不能同時是這兩者，而是主客體尚未分離之前的本原狀態，是某種絕對的理性或精神。主體與客體、觀念

---

❷　費希特一直自命為康德哲學的追隨者，而且把他的知識學體系看作是對康德哲學的首尾一致的發揮。然而康德卻在1799年8月7日公開發表聲明，拒不接受把費希特的哲學看作是自己的哲學，因而單方面地造成兩人關係的破裂——參見宋祖良著《青年黑格爾的哲學思想》，頁95之後，湖南教育出版社，1989年版。

與實在是不可分地結合在封閉在這絕對理性之中的，因而在他看來，理性就是宇宙大全本身，無物存在於理性之外，萬物都在理性之內，理性是派生一切主體與客體的唯一本原。所以，哲學的觀點就是理性的觀點，哲學的知識就是一種關於事物本來是怎樣的知識，也就是事物在理性（即在絕對中）中是怎樣的知識。

謝林把自己的哲學體系闡述爲「同一性哲學」，表明他正確地把握了西方哲學自16世紀以來，特別是在德國古典哲學中企圖消除主客對立，克服心靈與肉體、理想與現實、自由和必然二元分裂的傾向。雖然前人一直在爲此目標而殫思竭慮，但直到康德和費希特均未實現這一宿願，以至於消滅這種對立成爲不可避免甚至迫在眉睫的哲學課題。謝林正是把自己的同一性哲學看作是這個未竟事業的延續和完成。也正在這個意義上，我們可以說，謝林的功績並不在於他用什麼辦法解決同一性問題，而在於一般地企圖去解決這個問題，他努力尋求的正是超乎一切對立，居於一切對立之上的東西。

那種只把謝林從 1801 年的〈對我的哲學體系的闡述〉到1804年的「藝術哲學」作爲同一哲學的看法是片面的。實際上，自然哲學、先驗哲學、藝術哲學甚至謝林後期的宗教哲學均可看作是同一哲學的不同方面或內容。當然，這裏，我們可以認爲有兩種不同意義上的同一哲學體系。從廣義上說，無論是自然哲學、先驗哲學還是他的宗教神學，謝林均是在尋求和建構充滿於宇宙間的同一性原則，就此而言，它們都是同一哲學的不同成分。而就狹義而言，謝林認爲，自然哲學著重於從客體到主體的「進化」，先驗哲學則側重於從主體到客體的「返本」，從立足點上說，都是片面的，未達到「原則同一性」，因爲同一哲學正

是克服了它們各自的片面性，以主體和客體的無差別的同一性爲起點，爲歸宿，通過「理智直觀」以求得一切存在之生成的量的平衡的理論，這便是狹義的同一哲學了。就此而言，也應把《先驗唯心論體系》歸諸於「同一哲學」之中。原因在於：《先驗唯心論體系》不只是與自然哲學（客觀的東西的各層次的絕對綜合或同一）相對，完成了主觀東西的各個層次的絕對綜合或同一，而且在於，它具體指出和論證了除宗教之外的三種解決同一問題的方式，即理論的或科學的，實踐的或歷史的，藝術的或想像的。而 1801 年之後的著作，除〈對我哲學體系的闡述〉是對同一哲學在體系形式上的建構和系統化的總結外，其餘的如《布魯諾或論物的神性原則和自然原則，談話集》（1802）、「學院研究方法講座」（1802）和從 1802 至 1805 年間的「藝術哲學講座」，均是以前自然哲學和先驗哲學中提出的同一思想的具體發揮而已。如果我們抽去先驗哲學中的同一思想的具體內容，同一體系將成爲一種空洞的形式。因此，我們試圖把《先驗唯心論體系》結合進同一哲學中，從知識、歷史和藝術三個方面展示謝林在同一哲學體系的建構過程中表現出來的思想獨創性以及其中的思辨的浪漫主義精神，而且還將從此進展的內在邏輯性指出謝林向宗教哲學過渡的必然性。

一、知識

　　謝林的知識論有廣義和狹義之分。就其廣義而言，它從屬於同一哲學的絕對觀念，就是說，絕對自身是個永恒的認識行動。自然、自我、歷史、藝術等等都是這個轉向主體性與客體性的純粹同一性進展的認識行動的不同階段。就知識論狹義範圍而言，

它僅從屬於謝林的先驗哲學中的理論理性部分，這就是由康德開創的在理論理性（思辨理性）中構造整個人類知識的先驗基礎的那樣一種知識論。我們現在所要研究的，正是這種意義上的知識論。

這種意義上的知識論把為知識奠定基礎視為自己的基本工作，這種奠基活動就是試圖找到一個堅實的、不可懷疑的、自明的立足點，並可以從這個點邏輯地推導出整個人類的知識體系。這樣的一個立足點也就叫做知識的原理或者說是絕對的第一原理。按康德的說法，哲學的或理性的知識，就是這種「來自原理（exprincipiis）的知識」。近代經驗論和唯理論的分野，實際上就是在知識原理上的分野。經驗主義認為，只有人的經驗（感覺）才是最終的不可懷疑的東西，一切知識都必須立足於經驗才是可靠的。而唯理論者則認為，感覺是不可靠的，它會欺騙人，真正的知識只能來自理性自身。由理智的直觀所把握到的「真觀念」或者先天地被賦予我們人心的那些觀念才是自身明白和不可懷疑的。康德在理性批判的基礎上，試圖對經驗論和唯理論進行新的綜合。他把知識看作是由經驗提供的內容和理性（知性）提供的普遍形式的一種先驗綜合，使經驗和理性範疇都成為必不可少的角色。但康德的這種二元綜合最終還是陷入了本體世界不可知這一消極的結論。費希特重新以「知識學」為哲學的首要的乃至整個的課題，為知識尋求絕對第一原理。他認為知識的絕對原理決不是二元的而只能是一元的，康德一方面從自我意識的先驗統一出發，一方面又承認物自體刺激感官產生的經驗是認識的起點，在費希特看來「這種二元論是最粗陋的獨斷論（它容許物自體引起我們之內的印象）和最堅決的唯心論（它僅僅容許一切存

在經由理智的思維產生而絕不知道什麼別的存在）的離奇荒誕的結合」。費希特取消了康德的物自體，在唯心主義一元論基礎上對康德的自我學說進行了批判的改造，從而使之成爲一種自我產生自己，建立自己，發展自己的能動活動的學說。他正是以這種自我爲知識的絕對第一原理，不僅從中推演出康德作爲知識先天形式的範疇體系，而且從它推演出作爲知識質料的感覺。因此，這樣的自我就不僅僅給知識論中主體與客體的同一提供了基礎，而且也爲整個世界的統一提供了基礎。因爲一切存在均來自於自我的本源行動的創造，存在物是自我分化自身而產生的結果。這正如海德格爾後來所評論的那樣：

> 西方思想經歷了兩千多年的時間才成功地找到同一性中那起支配作用的早已回響著的同一個東西與它自身的關聯，才給同一性內部的中介的出現找到一個落腳點。因爲正是萊布尼茨和康德所肇興的思辨唯心主義，通過費希特、謝林和黑格爾，才給同一性的自身綜合的本質，建立起這個落腳點。❸

謝林最初是在費希特的啟發下，立足於自我的立場來構思他的知識論的，這明顯地反映在他早年的兩部著作中：《論一般哲學的可能形式》（1794）和《論自我是哲學的原則或者論人類知識中的無條件者》（1795）。但如前所述，他很快地就對費希特的自我學說產生了不滿並力圖超越於他。就其原因而言，這不僅

---

❸　海德格爾：《同一與差異》，頁15，1975年，德文版。

因爲費希特的「自我」是一個脫離自然的非歷史的自我設定，而且因爲這種自我以其意識的特性，從一開始就與外部世界對立著。謝林認爲，只要我們從與自然界分離的角度出發，無論自我有多大的能動性或創造性，最終都不可能眞正地達到同一性。所以被謝林當作知識論原理的，就既不是純客觀的自然，又不是純意識的自我，而是兩者的絕對同一性。儘管謝林在這裏還用「自我」來標誌這個絕對同一性，但這與費希特的「自我」是完全不同的，因爲第一，謝林的自我經歷了整個自然的無意識發展的實在序列，從而包含了實在論的認識原則：使客觀的東西成爲第一位的，說明了與它一致的主觀的東西何以能够歸附於它這種知識的眞理性和理論的確定性問題。第二，謝林以自我這種絕對同一性爲出發點，是要純粹地考察知識的活動，指出自我這種主觀的知識活動何以能够構造出知識的客體（自然）的過程。而這種知識活動又被謝林稱之爲變自身爲對象的不斷生成的直觀活動，而費希特既不能承認「自然哲學和先驗哲學彼此分領這兩個可能的哲學方向」，特別是先驗哲學僅是作爲自然哲學之繼續的「哲學的第二門必不可少的基本科學」這一主張，也不能同意把自我當作主體與客體尚未分離的絕對無差別狀態。

　　謝林正是通過對自我分別從自然哲學（實在的系列）和先驗哲學（觀念的系列）這兩個不同的哲學方向的考察，吸收和改造了斯賓諾莎基於唯物主義本體論的認識論原則，認定事物的秩序與觀念的秩序是相同的，並把這一原則看作是首要的而貫徹到整個同一哲學中去了。他早年就說過：導向哲學的第一步，甚至沒有這一步就一次也不能進入哲學的條件，就是要洞察到，觀念秩序中的絕對也就是現實秩序中的絕對。從時間上看，自然在先，

理智（自我）在後，即令沒有任何表象自然的東西，自然也會存在，先驗地存在著；從邏輯（先驗哲學）上看，自我在先，自然在後，主觀的東西（自我）是第一位的，一切客觀的東西都是它的變形。在先的是本相或原型（Urbild），在後的是映相或摹本（Gegenbild）。由此可見，一方面正如盧卡奇所指出的「他（指謝林——引者）在與康德和費希特的尖銳對立中把反映論引入了先驗哲學」❹；而另一方面，就謝林的先驗哲學明確地以主觀的東西當作出發點，客觀的東西只是其變形，而且公開宣稱產生其他一切成見的一個根本成見，正是那種認為事物似乎存在於我們之外的成見」而言，這種反映論又被他先驗唯心主義化了。

就謝林的目的來說，他把反映論先驗化是為了說明觀念和實在、主觀和客觀、自然和理智之間的雙向轉化和雙向符合一致的根據問題。他認為，一方面觀念等主觀的東西來源於自然等客觀的東西，這是客觀世界向主觀世界的生成轉化，否認觀念為實在所決定，來源於實在並與實在的東西相一致，科學就不能想像，認識就沒有實在性，理論就失去其確定性；另一方面，我們自由地產生的觀念能夠轉化到現實世界中去，獲得客觀實在性，這說明客觀世界也可以為主觀世界所決定，並且根本說來，客觀事物、自然界本來就無非是潛在形式下的主觀性，因此，客觀實在必須與主觀觀念相一致符合。如果否認了這種轉化及其符合一致的關係，實踐活動就不能想像，意志就沒有實在性，實踐也失去了確定性。謝林看到，從前的唯物主義和唯心主義都未能解決這個問題，所以，「我們要有理論的確定性，就得失去實踐的確定

❹ 盧卡奇：《理性的毀滅》，頁117，山東人民出版社，1986 年版。

性，要有實踐的確定性，就得喪失理論的確定性；在我們的認識中存在著眞理性而同時又在我們的意志中存在著實在性，這是不可能的」。如果終究還存在著哲學的話，就必須解決這個矛盾。但對這個問題的解決，決不可能由經驗來完成，因爲經驗不可能提供令人信服的普遍有效的依據，而只能先驗地加以解決。

所謂先驗的方式之所以能夠提供令人信服的依據，原因就在於「先驗哲學家並不過問在我們的知識之外可能會有我們知識的什麼最終根據，而是只問在我們知識自身內我們不能超越的最終的東西是什麼？」這個我們不能超越的，而又能作爲一切知識和實踐活動的實在性和確定性之最終依據的東西，正是自我或自我意識。因爲只有它才同時既是原因又是結果，既是主體又是客體的絕對自身同一性。這樣，自我意識對於謝林來說就成了一個獨立的東西，成了絕對原理。不過不是一切存在的絕對原理，而是一切知識的絕對原理，因爲一切知識（不只是我的知識）都必須以自我意識爲出發點。而儘管自我意識不是一切存在的絕對原理，但「自我包含著一切存在，所有的實在性」。正因爲如此，謝林才能夠先驗地以思辨的方式，不直接與外界對象相關，而直接由自我思維著自身並且變自己爲自己的對象，從而能夠在這種思辨思維中完成知識論從思辨的主體返回到浪漫客體（自然）的這一最高任務。這樣也就改變了自我在康德和費希特那裏的純邏輯意義。他說：「因爲自我，作爲對象存在，正如我們已經證明過的那樣，只有通過辯證的顯現（Schein）才是可能的。而它僅在邏輯的意義上就沒有意義。」❺

---

❺　〈自我是哲學的原則……〉，《謝林全集》，卷 1，頁132。

自我通過辯證的顯現變自身爲對象即返回於自然的過程必然呈現爲一種動態的連續的過程，這個過程就其實質而言，與自然哲學中自然變自身爲理智的過程是相同的。因爲它們都貫徹著觀念的系列和實在的系列是相同的這一原則，而且每一階段都表現了自然和自我、觀念和實在的內在同一性，但方向剛好相反。這正表明了內化與外化是相輔相成、對立統一的：當謝林爲避免康德和費希特的先驗主觀主義知識而向外（自然）尋求客觀的依據時，他是通過主觀的理智（自我意識）在自然界中不斷成熟的過程來說明客觀自然向主觀理智的生成，因此而使唯物主義所主張的反映論原則先驗化、神秘化、主觀化了；而當他把知識論完全內在化，在自我意識這一主觀的先驗原型（Urform）中尋求全部知識的客觀實在性依據時，他卻必須通過一個超出主觀性的外在化即客觀化的過程來說明。必須把自我意識的原型賦予外在事物，才能構造出這個外在對象的眞實無妄的知識來。

當然，由於先前已有了自然哲學，並已從中發展出了自我意識的思辨主體，現在謝林就不再停留於被構造的東西（自然）上，而是進一步去考察構造行動本身的思辨的規律了。這一規律根源於自我這一主體與客體絕對同一性本身的兩個不同方向的鬥爭，或者說根源於自我本身內化與外化兩個不同傾向的辯證運動。因爲自我具有創造無限物的傾向，這一傾向必須看作是向外延展的（是離心的），但是，如果沒有一種向內回歸於自我這個中心的活動，這一方向之爲這一方向是不能判別的。「前一種向外延展的，就其本性來說是無限的活動，是自我之內客觀的東西；後一種回歸於自我的活動則無非是在那種無限性中直觀自身的意向」。因此，自我創造行爲的規律現在就呈現出這樣的面貌：自

我意識不斷呈現出新的級次，而從一個轉到另一個級次的先驗直觀的不斷產生又不斷超越的內化過程，同時又是自我持續地客觀化自身、向外呈現生成的外在化過程。自我的每一級次的直觀都有一個與之相應、與之符合、與之同一的對象生成。正是在這種意義上，謝林認為我們通常稱之為意識的是某種僅僅與對象或客體的表象並行的東西，是在表象的更替中維持同一性的東西。因此，自我本身是一種同時創造它自身（作為對象）的知識活動。

　　謝林把這一創造過程即思辨主體返回浪漫客體的過程區分為三個階段：即從原始感覺階段到創造性直觀；從創造性直觀到反思；從反思到絕對意志活動。在理論階段，實際上是經歷了原始感覺、創造性直觀和反思三個階段。感覺是最簡單最基本的認識活動，要想認識全部實在，就得依靠感覺。關於這一點，以往的理性主義者加以否認，而經驗主義者雖認識到感覺的意義，但卻無力解釋到底感覺是什麼，只從外部作用上或者從生理上去理解感覺是不夠的。對於感覺來說，問題的關鍵在於，自我是如何把外部作用內化為自己的直觀，把外部作用轉向為意識事實。謝林把凡是不能說明感覺的哲學都稱為「失敗的哲學」，表明他對於感覺在知識論中重要性的重視。回答感覺的起源問題，實際上就是說明產生感覺的原因。可是，由於因果律只在同類事物（同一個範圍的事物）之間才是有效的，而不是從一個範圍延伸到另一個範圍。因而只有在能夠表明連感覺本身也是一種存在時，一種原初的存在為什麼變為知識才是可以理解的。謝林正是按此思路來解釋原始感覺的，他認為，當自我直觀自身時，就產生了兩種自我存在上的二元對立：一種是作直觀的自我，一種是被直觀的自我。「被直觀」就是「被限定」，所謂感覺即是這種有限制狀

態中的自我直觀。「被直觀」就等於存在。但在感覺中，自我只覺察到自身受到某種異己的非我的限制，但還未意識到自己是這種限制的主體。所以，在感覺活動中，自我只有對被限制的自我的客觀現實活動的觀照，而沒有對自身的觀照，可以說，只有「世界觀」，而沒有「自我觀」，主體和客體的對立尚未明顯地顯示出來，這是認識的無意識階段。

隨著認識從原始感覺階段上升到創造性直觀階段，自我就變成了有意識地進行感覺的。這是知識產生的關鍵。所謂創造性直觀，也就是理智直觀，說的就是自我既產生出自我的存在，意識和存在具有同一性。那麼，物質對象是如何構造的呢？謝林認為，物質是由磁、電和化學親合性三種力組成的三維性構成的。磁力的作用是直線的，由此產生了長度，電流則散布在表面上，而化學過程，則是在空間中對吸引力和排斥力，化合與分解的綜合（磁代表自我中主客體的分離，電代表吸引）。謝林就是這樣在自我的思辨活動中推演出物質的存在。

從知識的角度說，在反思階段，謝林推演出了知識的基本概念和範疇，先驗地指明了概念的起源；從實在的角度說：在絕對反思所處的這個地點和意識現在所處的地點作為中間環節而存在的，是客觀世界及其產物和現象的全部多樣性。

這就是謝林對於知識形成的演繹。下面我們具體分析一下這種知識論的特點。

前面我們已經說明，謝林的知識論是從知識的生成活動去考察知識，它從自我這個主體兼客體的絕對同一性出發，展現知識的同一性進展，最終達到表象同其對象的絕對符合一致的真理。這實質上是由潛在同一性到現實同一性的發展過程。總覽謝林的

知識論學說可以歸納出他的先驗知識活動的兩個特徵:

(a) 是一種絕對自由的知識活動: 這種知識活動是證明、推理和概念的一般中介作用所達不到的一種知識活動, 所以在根本上是一種直觀活動;

(b) 是這樣一種知識活動, 這種知識活動的對象不是獨立於這種知識活動而存在著, 因此, 這種知識活動是一種同時創造自己的對象的知識活動, 是一種總是自由地進行創造的直觀, 在這種直觀中, 創造者和被創造者是同一個東西。

第一是說謝林的知識論 (甚至整個哲學) 所堅持的是直觀的立場, 與反思的立場相對立; 其二, 他所謂的直觀, 是一種在知識活動中同時創造知識的對象的知識活動, 因而是理智的直觀。這種特色, 正是奠定謝林哲學地位和方向的東西。

謝林理智直觀思想的提出是既來源於康德而又明確地反對康德的。要理解這一點, 我們首先研究一下直觀在康德那裏的含義。

在康德的《純粹理性批判》中, 直觀與理智 (知性) 是完全對立的, 直觀不能思維, 理智不能直觀。人的理智的能動性只能賦予被觀察者以形式, 而不是內容。知識的內容是感性提供的, 所以理智借助於自己的活動並不能同時創造出存在本身。但康德又認為, 除去人的直觀與理智外, 還可以「設想」有另一種類的直觀和理智, 這倒是有可能在神那裏存在的。只有神才可能有直觀和理智的統一, 它能用理性的眼睛直接地觀察理念的本質, 直接地創造出存在本身, 因而是一種直觀的理智或理智的直觀。但這只是設想而已。後來, 為了說明審美判斷和關於有機體的目的論判斷, 康德在《判斷力批判》中進一步論證和發揮了「直觀性

理智」概念❻。他說過，直觀也屬於知識，而直觀的完全自發的能力就會是不同於感性而且完全是不依賴於感性的一種認識能力。因此，它就應該是在其最廣義上的一種理智。這樣，我們也就能夠設想一種直觀性的理智（從反面說來，即是一種全然非推理的理智），這種直觀性的理智並不（通過概念）從普遍的東西進到特殊的東西，又從特殊的東西進到個別的東西。

由此可見，康德提出的這種「直觀性理智」或「理智直觀」是與《純粹理性批判》中所謂的「推理的理智」對立的。這兩種理智的區別在於，推理的理智是「分析性的普遍」，即從概念進到特殊的東西，或所予的經驗直觀，而特殊的雜多只有等待經驗直觀被包攝在概念之下才得到確定。因此，由特殊的雜多結合的整體總會被認爲是偶然的。而「直觀性理智」則不同，它是從「綜合性的普遍」，即從整體作爲整體的直觀進到特殊的東西，也即從整體進到部分，因此，特殊的雜多或部分結合起來的整體就會被認作是必然的統一整體。總之，康德提出的「直觀性理智」或「理智的直觀」的特點是：(a)非感性的、不依賴於感性的；(b)非推論的、非邏輯思維的；(c)是一種「創造著的」、「生產的」、「建構藝術」的活動。因此，康德也把人的「推理的理智」稱爲「模仿的理智」，把「直觀的理智」稱爲「原型的理智」。

康德提出這種直觀性理智是有重大意義的，表明他力圖以一

---

❻　這裏「理智」的德文原詞是 "Verstand"，在中文裏有「理智」、「知性」、「悟性」等等不同的譯名，在《判斷力批判》的中譯本中，韋卓民先生譯爲「知性」，作者在這裏爲了利於理解，改譯爲「理智」。

種直觀性的具有內在必然性的和有機的、多樣性的統一來彌補單純依靠概念推理的分析性普遍，因而至少能夠作爲解決其二律背反的一種可能性思路。但是，這種意義在康德那裏仍然是潛在的，因爲他的不可知論的傾向和形而上學的思維方式使他始終不相信這種在想像力基礎上形成的綜合性普遍有認識的客觀有效性及普遍可靠性。對此黑格爾不無遺憾地說，康德在「已經到了快超出片面性的瞬間，而他卻說，我們必須停留在片面性裏」。❼

　　費希特改造和發展了康德知性或理智的直觀的思想，這表現在：(a)費希特把康德在《純粹理性批判》中所設想的僅在上帝那裏才存在的理智直觀賦予給人的自我意識，認爲在自我意識的本源行動中，我在直觀時就同時創造著被直觀的東西，因此這一理智直觀的活動是人的自我意識的能力。(b)作爲費希特整個知識學基礎的絕對第一原理：「自我設定自我」只能進行理智直觀，也就是說這是一種直觀行動的自明性它不可能通過概念被感知，不可能以推理爲中介來證明，否則就不是絕對第一性的原理。因爲自我意識是一種本源的行動，我在自我意識的行動中直接地直觀對我而發的我的行動，不可能有任何中介。費希特從中強調這種直觀與自我意識的行動是同一的，並強調了在這樣的直觀行動中同時創造著直觀的對象，即行動等於存在本身，行動與行動產物的同一。因此，這種直觀是理智的直觀。

　　費希特的理智直觀取消了康德的不可知論的二元對立，這是他的一大進步，但是，正如費希特並沒有把自己的學說看作克服了康德哲學的學說，而是看作康德哲學的直接發展一樣，他的理

---

❼ 黑格爾：《哲學史講演錄》，卷4，頁303。

智直觀也僅是論證知識學第一原理的方法，而不是其哲學思考的總工具，他的整個哲學立場仍然是和康德一樣，立足於反思的分裂，而不是理智直觀。

　　謝林理智直觀思想是對康德、費希特理智直觀思想的繼承和發展，或者說，是從費希特所達到的理智直觀＝自我意識的行動＝自我意識的存在這一點出發，向康德《判斷力批判》中關於理智直觀之爲綜合性普遍的回復，力圖將理智直觀的行爲改造和發展爲一種既是從自身創造出客體，又使主體和客體的對立達到統一或無差別的活動，從而使理智直觀成爲他的先驗唯心論哲學的基礎和締造整個同一哲學體系的基本工具。

　　一般說來，人們在討論謝林理智直觀的思想來源時，經常表現出兩種偏見或不足。首先是只看到它和康德的思想聯繫，而忽視費希特這一環節。這在盧卡奇那裏表現得很明顯，他只看到謝林的理智直觀是「克服費希特的主觀唯心主義和當時自然科學中機械形而上學思維的現實的和哲學的出發點」，而沒有看到費希特的理智直觀也是謝林這一思想的基礎，其次是忽視了謝林理智直觀思想和康德、費希特的差別。事實上，謝林在《先驗唯心論體系》中論述理智直觀時，是明確地宣稱與康德的反思立場相反的，他說：「我的整個哲學都是堅持直觀的立場，而不是堅持反思的立場，例如康德及其哲學所站的那種立場。」❽後來在〈對我哲學體系的闡述〉中又說：「因此我所要建立的是那種絕對同一性的體系，這種體系是同反思的立場完全相異的，因爲後者只能從對立出發並且建立在對立之上。」❾顯然，這裏是把康德和

---

❽　《先驗唯心論體系》，頁117。

費希特都包括在內的。康德立足於自在之物和自我意識的公開對立的反思立場，並不將直觀性知性看作一種創造客觀對象活動，因而看作溝通主、客對立的橋梁，而只是看作對主觀自身的一種反觀內視，一種不具有認識意義的比喻和象徵，一種說明美和有機體的「權宜之計」。而費希特雖然表面拒絕自在之物，實際他的片面性的自我＝自我的出發點就表明他並未擺脫自我意識與自在之物之間根本對立的反思立場。這種反思使他只把理智直觀看作達到「自我＝自我」的同一性行動，而與謝林企圖以理智直觀達到「主體和客體的同一性或無差別」根本不同。

　　為了使理智直觀成為自己整個哲學的立場，就必須真正把握到它和感性直觀的差別。按謝林的看法，感性直觀並不表現為創造自己對象的活動，因此直觀活動本身在這裏是和被直觀的東西不同的。謝林的理智直觀則完全相反，是在直觀活動過程中創造自己的對象，在直觀活動之前或之外，並沒有直觀和對象的對立。所以，理解謝林理智直觀這一概念的關鍵，就像謝林自己所聲明的那樣，絕對不可把任何感性的東西混雜到這一概念裏，比如把視覺活動當成好像是唯一的直觀活動似的，雖然日常語言只把視覺活動算作是直觀活動的。因為依賴於光線的視覺活動只是肉眼的觀視，它是先靠自然光線照亮某物，然後再由視覺活動去觀視，因而這種感性的直觀把某物的存在和視覺主體在視覺活動之前就二元對立起來，作為互不相依的獨立存在。而理智的直觀，謝林認為不是肉眼的觀視而是精神的觀視，他把光照亮某物這一作為感性直觀必要前提的活動當作是直觀，而且是本來意義

---

❾　《謝林全集》，卷3，頁9。

上的直觀活動，因為光線照亮某物就是直接把這某物給呈現出來
了。「照亮」這一活動本身就是對某物的直接性、同時性的呈
現，或者說是自我呈現。理智正如同這光線，是一種同時創造自
己對象的知識活動，這種創造實質上就是讓直觀對象通過理智並
在理智中直接呈現，這便是理智的直觀。正是在這種意義上，謝
林說自我之所以可能存在，就只是因為它是在呈現自身，關於對
象，先驗地看，也無非是外在的或創造性的直觀本身。自我和對
象分開來看，都沒有一種先驗的存在，在知識活動即自我意識活
動之前也沒有兩者的獨立存在，它們的存在都只是在理智直觀這
一活動過程中顯現的。謝林以自我意識為知識的出發點，這樣就
返回到了主體和客體尚未二元分離的本原狀態了。這就預示了現
代現象學和解釋學克服傳統認識論的思路。謝林正是立足於這種
理智直觀去同反思哲學相對立，也正是立足於這種理智直觀才找
到了超越反思哲學立場的出發點。

　　立足於理智直觀，謝林的知識論就擺脫了康德式的由自在之
物刺激感官提供雜多的感性表象，又在知性範疇的作用下形成表
象與對象符合一致的判斷，最終使之在理性之下綜合統一起來的
麻煩任務，而是使知識成為從自我的本原同一性出發，在自我意
識自身之內對立不斷發生又不斷同一的運動過程。它無非是一種
不斷提高自我之級次的活動。在自我的顯現與被呈現的辯證運動
中，意識與存在，表象與對象的每一步進展都是一個具有內在同
一性的結構，這就最終達到了主體與客體的彷彿是回歸於起點的
絕對同一性。這種知識活動的確是「思辨的」，因為它只在自我
的知識活動中與自我的顯現與被顯現的對象相關，自然界外在事
實的存在則被先驗思維所吞併。這種思辨就其含義來說，的確是

返回到了古希臘式的「直觀」性含義，而與自笛卡爾以來一直到康德和費希特的知性思辨迥然有別，它被謝林稱爲哲學思辨的最爲本質和基礎的方法。他說：

> 沒有理智直觀，哲學思維本身就根本沒有什麼基礎，沒有什麼承擔和支持思維活動的東西；在先驗思維裏取代客觀世界，彷彿能使思辨展翅翱翔的東西，正是這種直觀。

這種思辨，就其認爲是證明、推理和概念的一般中介作用所達不到的知識的最高統一活動並強調無意識在直觀中的重大作用而言，是一種浪漫的思辨。這種浪漫的思辨特別地表現在，他認爲知識所追求的主體和客體的絕對同一及主體客觀化的任務最終完成於「審美直觀」。

直觀的思辨之所以成爲浪漫的思辨，首先是由於它順應了浪漫主義反對啟蒙理性的歷史潮流。在18世紀的德國就已經有一種維護直接、直覺知識的傾向，這一傾向在與康德同時代的耶可比（Friedrich Heinrich Jacobi, 1743～1819年）哲學中得以體現。在當時，強調直觀的或直覺的知識是同理性主義傳統相對抗的。特別是啟蒙理性，它把人類理性的認識活動歸結爲符合理智的、形式的——邏輯的活動，因此在越來越形式化和邏輯化的抽象思辨中，認識的能動而直接的創造性被掩蓋和遺忘了。邏輯概念的穩定化限制著直觀、想像的非邏輯的創造性衝動。因此德國古典哲學和後來的浪漫主義都力求發掘出主體的能動創造性，來彌補或反抗啟蒙理性的局限。但康德和費希特對能動性的強調最終仍然納入了其思辨體系的邏輯過程中，無意識的、非理性的創造

力仍未得到應有的重視或提升。而謝林正是看出了他們那種理性
（知性）在解決知識的最高統一問題上的無能爲力，因此提出了
一種無需依賴概念、推理和證明這些理性認識中介的直接性的、
創造性的理智直觀，試圖通過它返回於主體的無意識的創造力。
這正是浪漫主義運動的一個組成部分。

　　就德國古典哲學的知識論作爲對自我意識內在結構及其歷史
的描述而言，謝林在費希特的知的意識和行的意識之外又添加一
個美的意識，這也順應了浪漫主義的泛美主義傾向。特別是謝林
把審美意識看作是最高的東西，把藝術看作是哲學意識客觀化的
最高物證，這的確改造了思辨的知識論。就理智直觀是純粹內在
的非感性的直觀，它與審美直觀是處於兩個極端，是不同的，但
因爲美感直觀不過是業已變得客觀的先驗直觀（即理智直觀），
它們兩者實質上又是同一種直觀。所以，不僅美學中的天才就等
於哲學中的自我，而且，當我們訴諸經驗時，「理智直觀的這種
普遍承認的、無可否認的客觀性，就是藝術本身」。

　　謝林的這種高揚審美和藝術的知識論，使他不僅把自然界看
作是一首神奇奧秘的詩，而且把整個宇宙看作是一部絕對和諧完
美的藝術品。這種浪漫化的直觀知識論與康德、費希特和黑格爾
等人重概念、邏輯、推理等中介的理性思辨知識論，從思維方式
上說，確實具有很大的差別，因而曾經遭到了黑格爾最辛辣的批
判和無情的嘲弄。黑格爾說：

　　　　現在有一種自然的哲學思維，自認爲不屑於使用概念，就
　　　自稱是一種直觀的和詩意的思維，給市場上帶來的貨色，
　　　可以說是一些由思維攪亂了的想像力所作出的任意拼湊

——一些既不是魚又不是肉，既不是詩又不是哲學的虛
構。⑩

費爾巴哈也對謝林的這種浪漫化的知識論哲學持堅決的批判態
度，他把黑格爾看作是概念中的實在哲學，而謝林則是夢境中的
實在哲學：「哲學現在變成了美麗的、詩意的、舒適的、浪漫的
哲學。」⑪

在我看來，完全把謝林的浪漫化的思辨知識論看作是狂言囈
語，看作是一種夢幻與胡說，是不公平的。至少，謝林這種擡高
直觀和審美，要求返回於主客體尚未分離的同一性狀態作爲知識
活動起點的看法，提供了從哲學上解決主體與客體相統一的一條
可能的思路。而這條思路在現代西方哲學，特別是歐洲大陸的人
文哲學中得到了貫徹。無論是後期海德格爾的語言哲學，還是伽
達默爾的解釋學，無論是現象學還是結構主義，都極力強調返回
到主客未分的本原狀態，並且以文學藝術作爲拓展哲學思路的主
要工具。由這一線索來看，現代哲學更加接近於謝林而不是黑格
爾的思路。因此，不管當代人是否眞正同意謝林解決問題的方
式，但還是願意靜心地聆聽他的話語，這正是謝林的哲學思想能
夠在現代得以復興的原因。

二、歷史

謝林沿用了自康德開始的關於理論理性和實踐理性的兩分法
來探討人的主體能力問題。但與康德不同，當他從理論的思辨轉

---

⑩　黑格爾：《精神現象學》，卷上，頁47。
⑪　《費爾巴哈哲學著作選集》，卷上，頁75。

入對實踐領域的考察時，他力圖揚棄康德倫理學的形式主義，而在思辨的抽象形式中注入浪漫主義的生機。在前面我們已經闡述了謝林對理論理性的建構，他的目的仍像康德和費希特一樣，試圖通過對絕對自我的建構爲人類知識奠定自明的基礎。但謝林的做法卻有所不同，他通過理智對自然本源行動的模仿與對自我本身的建構這兩方面的同一，既展示出在理智中「創造」自然的過程，又展示出自我意識自身的成長過程。這樣連續的、有著內在聯繫的發展過程在謝林看來就是歷史。而且，按照他的本意，就是要「把哲學的各個部分陳述爲自我意識不斷進展的歷史」。這是在《先驗唯心論體系》一書的前言中就已闡述的任務，把歷史理解爲自我意識進展的歷史，這首先是費希特提出來的，他在1794年的《知識學》中，就是從一種邏輯發生（Genese）的意義上談論歷史，即從自我意識的原理出發展示出在它之中所包含的一切思想可能性。但是，嚴格說來，這種觀念的邏輯展現並不是眞正的歷史。所以謝林眞正談論歷史，不是在理論理性或「知識學」中，而是在實踐理性中，只是在這裏，謝林才正面地陳述了理解歷史的先驗條件，歷史的開端和歸宿，歷史的發展過程等等問題。這樣的歷史，實質上就是區別於理論理性的純觀念純意識的歷史，而眞正成爲人類現實的、客觀的歷史。德國當代著名哲學家威爾納・馬克斯（Werner Marx）指出：「謝林在德國唯心主義中第一次把歷史提升爲先驗哲學的主題。」⑫

　　確實，在實踐理性裏探討歷史，這是謝林的一大特色。我們知道，康德區分理論理性和實踐理性，是要把自然中的必然和人

---

⑫　威爾納・馬克斯（Werner Marx）：《謝林：歷史、體系、自由》，頁14，1977年，德文版。

類行爲中的自由區別開來，必然的領域解決的是對外在世界的「知識」，自由的領域解決的是內心世界的信仰。所以他強調「限制知識以便爲信仰留地盤」。目的在於說明，人之爲人的最爲根本的特點不在於他陷入現象界的必然之中，更重要的乃在於他能超出現象界的必然而達到本體界的自由。但是，這種本體界的自由領域恰恰又是理論理性的認知能力所達不到的，必須借助於人的實踐理性的信仰、意志的能力才可達到。表現康德特色之處正在於，他並沒有把實踐理性所要通達的絕對自由本體的解決指向於外在的現實的完善，而只是指向於內心的道德律和所謂的「理性限度內的宗教」。只是在《判斷力批判》的最後，康德才附帶地通過「文化」概念指出理性的現實化問題，從而把歷史問題突出了出來。這以後，他在一系列論著中較爲系統地闡發了一種以其倫理學的自然目的論、道德目的論等爲理論基礎的目的論歷史觀，認爲人類歷史趨向於客觀的理性的最終目的——理性能力的全面發展，自由和道德世界的實現，即普遍法制狀態的建立。他的這一歷史觀對費希特、謝林和黑格爾的歷史觀都有很大的影響。

費希特的特點表現爲從一開始就突出實踐理性，就是在理論理性中，他也是按照「行動」的概念來理解和推演自我如何創造客觀世界的進程。但是，即使在實踐理性自身的範圍內，即在論述自我如何從它所創造的世界裏回復到自身的那一部分裏，費希特也沒有指向外在現實——歷史的客觀建構，而只指向於建立一種本質上屬於道德哲學的人生哲學（價值哲學），也就是說，他在這裏講的實踐仍然是處於內心中的道德實踐，而不是現實的歷史實踐。不過，費希特終究是個重視行動，重視爲爭取現實的自由平等而鬥爭的人，他後來在《當前時代的基本特徵》的著作

中，發揮了一種把人類歷史看作理性發展的過程，看作實現理性
王國即自由王國這一最終目的之過程的目的論的、具有強烈倫理
性質的歷史觀。

　　康德與費希特雖然都已經有了從現實的歷史進程中論證理性
的普遍原則的思想，但總的說來，他們的理性仍然是基於抽象形
式的同一律，他們的實踐的自由則只是內心抽象的自律。謝林的
最大貢獻則在於，他企圖把內心的自由變成現實的自由，把理智
直觀的同一性變成客觀實在的同一性。所以我們說他實現了從主
觀到客觀的轉變。在謝林眼中，客觀性最大的兩個領域，一是自
然，一是歷史。如果說，從其整個哲學體系看，是以「絕對」爲
起點，通過絕對的現實化而又重新回歸於絕對同一性的「理性」
哲學的話，那麼，從屬於其絕對同一之歷史現實化的兩個客觀領
域就是自然哲學和歷史哲學。早在1797年，謝林就已經提出了把
自然哲學和歷史哲學作爲「絕對」的兩門應用哲學的思想。

　　所以，自然也像歷史一樣是一門「歷史」學科，謝林的自然
轉向也就是歷史轉向，這在西方學者看來並無區別❸。因爲謝林
在自然哲學中力圖把自然的演化進程描述爲歷史的連續系列。如
果我們把範圍縮小一些，這與謝林企圖使內心自由和理智創造外
在化、歷史化的總傾向是一致的。在理論理性中，理智內在的自
由構造自身的活動被外化爲自然的客觀生成活動，自我意識的歷
史成爲與自然的發展史相一致的自然構成史，自我意識的知識學
成爲一門精神的「自然學」（Naturlehre）；而在實踐理性中，
謝林更明確地從「意志」的外在客觀化的角度去建構歷史。意志

------

❸　　參見施忎芬・廸持（Steffen Dietzsch）：《謝林》，頁44，1978年
　　版，德文版。

的自律（自由）不僅是客觀歷史的起點和歸宿，意志自我決定的過程同樣也賦予了一種歷史的客觀化過程的性質。當然，反過來歷史的法制狀態的完善過程也被看作是內在的意志自由的保障。

　　在這個意義上，謝林的整個哲學可看作是一門「歷史哲學」。德國當代哲學家鮑姆伽特納（H. M. Baumgartner）就認為「謝林哲學從一開始並且其核心就是把絕對的哲學同時看作為歷史哲學」，⓮ 他把謝林最早的著作，即1792年為碩士答辯而寫的〈對有關人類罪惡起源（按〈創世紀〉第三章）的古代箴言進行批判闡釋的嘗試〉，到最晚的著作《神話哲學》和《啟示哲學》，都當作歷史問題來研究。他的這一思想在 1979 年於蘇黎士召開的國際謝林哲學討論會上，原則上得到了與會者的一致贊同。德國不萊梅的山特屈勒（H. J. Sandkuehler）以〈作為歷史主體理論的歷史哲學〉為題研究了謝林早期的哲學思想；波恩（Bonn）的福爾曼斯（H. Fuhrmans）以謝林作為歷史「原初事實」的學說為主線，勾畫出哲學家思想發展的三個階段；柏林的布爾（M. Buhr）在提交的論文〈從理性的歷史到歷史的非理性過渡中的歷史哲學〉中，一開始就對鮑姆伽特納的觀點表示贊同。類似的文章還有：漢諾威（Hannover）的艾爾哈特（W. E. Ehrhardt）的〈理性和歷史中的絕對性〉和布赫納（H. Buchner）的〈絕對和它的現象〉以及威爾納·馬克斯（W. Marx）的〈在謝林自由論文中惡的起源及其在歷史中的作用〉。這些論文一方面表明了謝林從絕對向歷史過渡中解決同一性問題的客觀立場和方式，另一方面充分證

⓮　〈向歷史過渡中的理性—評作為歷史哲學的謝林哲學的發展〉載：《謝林：對於一門自然哲學和歷史哲學的意義》，頁 175，1981年，德文版。

明了歷史在其整個哲學中的主導和核心的地位。

1. 實踐理性中的歷史概念

在實踐理性中，作爲創造性的自我本身成了對象，因而它不再是在理論理性中那樣作爲無意識的直觀，而是有意識地創造。這種有意識地創造，就是按照「理想」的模型去把這種理想實現出來。在此，謝林便達到這樣一種本質上是浪漫主義的觀點，即理想的現實化即是客觀的歷史活動。他說：歷史僅僅存在於這樣一種地方，在這種地方，唯一的理想實現於無窮多的偏離活動中，結果個別歷史事件雖然不符合這個理想，但全部歷史事件卻符合這個理想。顯然，理想的這樣一種現實化，只是對於人而言才是可能的。因此，在謝林看來，也僅僅是對人而言，才可能有所謂歷史的問題。

當然，正如我們前面已經指出的那樣，謝林也研究自然界的歷史發展、神話和宗教關於人之前的「歷史」時期，但是，在謝林看來，無論是自然，還是宗教神話，要獲得一種歷史的性質，必須視其與人類是否有某種內在的聯繫而論。謝林強調的就是不能把一切實際發生的事件都稱爲歷史的對象，他把下列三類事件排除在歷史的範圍之外：一是周而復始地按已知的規律循環往復的事件，就是說不受「進步」發展規律性支配的事件；二是可以先驗地估計出結果來的事件，就是說機械必然的、非任意的必然事件；三是完全沒有規律的事物或一系列無目標、無計畫的偶然事件。就自然來說，它之所以獲得了歷史的性質，成爲歷史的對象，完全是因爲一方面自由在自然界創造過程中的顯現，因爲，雖然這種創造活動的方向無疑有其確定的規律，我們卻不能 a priori（先驗地）確定這種方向；第二方面是局限性和規律性，

它們是通過可供自然界調度的各種力量的比例而設置在自然界裏的。由此可見，自然界之具歷史性質，既不是由於自然界能周而復始地變化，也不是由於自然界呈現出彷彿是毫無聯繫的全部自然客體的多樣性，而是由於自然界一方面擁有如同在人身上表現出的創造性自由，能够不斷地偏離開自然界唯一的原始開端，同時又是有著內在規律的，自然界的各種支配力量彷彿有個「總和或比例」。對謝林的這些說法，如果聯繫到我們在第一章中所闡述的「世界靈魂」觀念和「自然作爲主體」的觀念，或者說，自然的發展是朝著人類意識的產生這個觀念就完全不難理解了。

　　對人類來說也是一樣，在謝林那裏，一系列絕對沒有規律的事件和一系列絕對合乎規律的事件都不配稱爲歷史。具體地說，並不是人的所有活動都能成爲歷史的對象，人之所以有歷史，僅僅是因爲他所要做的事情無法按照任何理論預先估計出來，這就是說，人的行爲之成爲歷史的行動，就在於它具有自發的偶然性和任意性。但另一方面，它又不是無計畫、無目的的盲目行爲，而是實現理想的行爲，指向一定的目標、要實現一定的目的。這又不是說人的一切理想都能在行爲中完全地實現出來，而只能在無限的「偏離」中實現出來。所謂的「偏離」，就是說，人的行爲雖然以「理想」爲目標，但人的行爲的結果卻往往是「不理想的」，與原初的「理想」有一定的距離，然而又不能說人完全不能實現理想。就個別的事件而言可能不符合個別人的理想，因而他的行動似乎是偶然的、盲目的，但就全部的歷史事件來說，卻是符合一個總的理想的，因而歷史仍有其內在的目的性和規律性。謝林的這些說法確實說明了歷史的一些主要特點，但對於一門歷史哲學來說似乎還有一個更爲根本而謝林又未明確給予回答

的問題在於，人爲什麼有歷史？對於這個問題僅從個人與族類在實現理想這一歷史現實中的自由與必然的關係，還不能提供眞正實質性的答案。因爲這基本上不是對於歷史現實的特徵的認識和概括的問題，而是對於歷史的終極的本體論問題，因而是眞正能够體現出思想者的歷史意識的深度問題。既然謝林已經指示出歷史與人的本質關聯，那麼，人爲什麼有歷史，按理就應該從人是在時間中的有限存在這一點引出問題的答案。實際上，謝林對人的有限性也是有著深刻的意識的，在理論理性中推演意識的有限制的根源時，他就說過，我們同一切理性生物共有的原始有限制狀態在於，我們總的說來是有限的。而在實踐理性中推演歷史概念的特徵時，實際上他也是從暗含這一前提出發的，例如，爲什麼單個的事件不能符合理想，而整個族類的歷史卻能符合總的理想呢？這完全依賴於族類對個人有限的時間性的延伸，只有這樣，「所謂的全部歷史事件」才是可能的。但是，謝林卻沒有從存在論上把其暗含的人的有限性的歷史根源表達出來，這正是其歷史概念或歷史意識的模糊性。因此，眞正的歷史意識就必須從存在論上去揭示人的有限性的不可超越性，以及當代哲學泰斗伽達默爾（H. G. Gadamer, 1900～）對狄爾泰（Wilhelm Dilthey, 1833～1911）歷史主義的批判，都說明了這一點。

另外，謝林所謂的符合一個理想的「全部歷史事件」只是他對歷史的一個思辨的先驗預設，而由於他在歷史意識上的模糊性，當他企圖對其「何以可能？」進行說明時，他就會陷入或者堅持這個前提而放棄歷史意識，或者堅持歷史意識而放棄其絕對性的先驗前提。他的歷史哲學的思辨性質使他傾向於前一結論，他的歷史哲學的浪漫性質使他傾向於後一結論。他就在試圖結合

這兩方面時掙扎過來又掙扎過去。

但是，上述的不足之處掩蓋不了謝林歷史觀念的歷史意義。他把歷史的特徵看作是自由和必然的統一，把歷史建立在個體自由行動的無窮多樣性的偶然性與支配這些活動的內在統一性和必然性的相互結合這樣一種辯證的理性基礎上，從而把歷史的內在規律性的概念向具體化的方向推進了一步。這既是對源自古希臘、又一直支配西方思想界的兩種主導精神：邏各斯（Logos）和奴斯（nous）進行統一的嘗試，又是對源自維柯和赫爾德，特別是康德和費希特的歷史哲學思想的繼承與綜合，因而是當時所達到的最高成果。

2. 歷史的過程和目的

謝林從實踐理性的意志自由出發來推演歷史的先驗可理解性條件，目的就在於他要把人類歷史建立在人類理性的意志自由基礎上。這種意志的自由表現為人是「自律的」，但這不僅僅是康德意義上的「道德自律」，而且表現在人是自由地為自身確定理想，並在自己的現實行動中去實現理想，理論理性僅在意識的彼岸產生對象，所以理智的原始欲求或衝動只能使自己的活動指向一個確定的知識對象並通過外來的影響來滿足知的欲求，達到對外在對象的知識。而實踐理性是在意識的此岸產生理想，因而實踐理性的「天然衝動」表現為在外在對象中去實現這一理想的意志活動。這樣，儘管實現理想也是一種對象化的活動，但這種意志活動原初只不過是以純粹的自我決定，即其自身為對象也是變自己為自己對象的意識的條件，因為自由是隨著意識才出現的。因此歷史作為實現理想的過程，就成了「整個自由表演的過程」。

與康德不同，謝林力持自由本質上具有「任意」的性質，或

者說自由實質上就是任意的自由。因為從絕對意志本身來看，我們只能設想它的行動是依據它的內在必然的規律，因而既說不上是自由，也不能說是不自由，只有隨著意志意識的出現才必然出現一種對立：一方是僅僅指向純粹意志的自我決定本身的活動所要得到的東西，另一方則是由天然衝動的情感狀態所要得到的東西，只有在出現這種對立時，才有意志自由問題，因為在意志行動中才出現了在對立物之間進行選擇的問題；這時無論是純粹意志所要求的行動也好，天然衝動所需要的行動也好，就都不是按照自然規律必然地完成的，但只能是通過自由的自我決定完成的，即通過自我的任意完成的。現實的經驗的意志既可以任意為善，也可以任意為惡，但無論是為善為惡，意志都是自由的。因而，任意或自由不是絕對意志或純粹意志本身，而是絕對意志或純粹意志的表現。「所以，如果自由＝任意，則自由也不是絕對意志本身，而僅僅是絕對意志的表現」。即使是出自「天然衝動」所需的行動，由於它是自我自由的意志決定完成的，就都是絕對意志的表現，都是人的自由行動。

由於自由＝任意，由於人的一切任意行動都是絕對意志的表現，就使得謝林對於歷史的「自由表演」過程賦予了一種必然性的規律，這既是他對自由和必然關係所作的一種新的解釋，也是他對歷史發展的規律性的具有重大意義的洞識。在康德那裏，自由和必然之間總是隔著一條不可逾越的鴻溝。在浪漫主義那裏，他們崇拜無拘無束的「任意」生活，而對一切道德和社會的規範棄而不顧。斯賓諾莎雖然認「自由是對必然的認識」，但他實際上只是堅持必然而忽視自由。謝林沒有從認識和被認識的關係上來闡述自由和必然的關係，而是從同一歷史過程中來揭示出自由和必然的對立統一。這就是說，在歷史中自由和必然是相互包含

的。歷史作爲實現由實踐理性的自我決定所產生的理想的過程，是以自由爲始而又以自由爲目的的，是人的有意識的自由表演，但是「在自由中又應該包含必然，這恰恰意味著：通過自由本身，當我自信是自由地行動時，應該無意識地、即無需我的干預，產生出我沒有企求過的事情來，甚至違背著行動者的意志，產生出行動者本身通過自己的意志活動所永遠不能做成的某種事情。這就是謝林稱爲「天意」、「命運」、「隱蔽的必然性」的東西。這樣，歷史在謝林筆下就呈現出這樣一種過程和特徵：人雖然在行動本身是自由的，但在其行動的表現及其最後結局方面卻取決於那種凌駕於人之上、甚至於操縱著人的自由表演的隱蔽的必然性。**⑮**

　　這樣，歷史在謝林眼中就成了一種「自然」，不過，這種自然是一種「較高的」第二自然。在感性自然中，原因以其固有的規律性必然地產生出結果，而在歷史這第二自然中，雖然也受一種「自然」規律的支配，但這種規律「是一種以自由爲目的的自然規律」。

　　這種以自由爲目的的第二自然中的規律就體現爲法律制度。這種制度只能由自由建立起來，自然界與此毫無關係。它看起來就像一架機器，雖然是由人手製造和安裝的，但是，一俟製造者脫手了，它就像可見的自然界一樣，按照自己固有的規律，獨立不依地繼續工作下去，彷彿它的存在是完全靠它自己似的。那麼，人類爲什麼要建立法律制度，它在歷史中又起著什麼作用呢？

　　謝林認爲，這種法律制度是從「把自由的生物設想爲相互作用的生物的自然機制」中產生出來的。這就是說，歷史中的人作爲有自我決定能力的個體都是自由的，這種「自由決不應該是恩賜或一種僅僅像禁果那樣可供享用的食品」，它是人之爲人的特

---

⑮　這種必然性，後來黑格爾把它發展爲「理性的狡計」。

點，即它是與人的意識和意志能力共存亡的，可以說是一種生存的權力。但個體的自由既可以同歷史的目的相一致，也可以只用來滿足自己的「私欲」，但無論如何，一方面，個體作爲個體總是有限的，它不可能承擔起完成歷史目的的重任，而另一方面，實現歷史最終目的的重任又決不可能不由個體的人來承擔，只是須要把個體的人組成「族類」罷了。因此，法律制度是適應於協調個體自由行爲之間關係的一種強制性手段，但這種強制只是針對那種從個人出發，又返回於個人的私欲，這種強制作用當然不可能是直接針對自由的，因爲有理性的人不是注定要受到強制，而是僅僅注定要自己強制自己。所以法律制度是作爲實現歷史的最終目的，從而是對人類整體自由的一種保證、一種承諾而產生的，這樣也就顯示出它在人類歷史中的地位和作用了。

通過「人類」概念，謝林就完成了維柯在《新科學》中提出的「普遍歷史」的任務。由於謝林對待歷史的思辨態度有自康德以來的德國唯心主義前提，他便使這個「普遍歷史」具有了自己確定的形式和規律性的表達；但由於他對自由的理解已超出了概念思辨的狹隘框架而滲入了浪漫主義的因素，歷史便成了他將維柯所設想的「詩性智慧」表現爲現實的客觀過程的一個適當領域。在這裏，也正如在自然哲學和知識論中一樣，表現出謝林思想中科學理性精神和浪漫精神的一種張力關係。一方面，謝林試圖發掘出歷史發展的內在規律性，並認爲這種內在規律性的客觀化表現就是國家的法律制度，而且把此作爲衡量歷史進步的標準。因此可以說，謝林是科學地、理性地對待歷史；另一方面謝林的這種科學理性精神也並未眞正達到理性，因爲他在歷史中對「隱蔽的必然性」作出了一種非理性的解釋。

　　謝林在闡述了歷史的起點、過程和目的都是爲了實現理想，實現自由之後，所面臨的一個必須解釋的關鍵問題就在於：爲什麼人的自由取決於一個「隱蔽的必然性」的操縱？爲什麼我們主觀上覺得是自由的一系列行動，在客觀上卻表現爲一系列無意識發生的事件？儘管謝林也認爲用天意或命運解釋這個前提，就等於根本不解釋這個前提，因爲天意或命運正是應該加以解釋的東西，但他由於一貫堅持「任意是歷史的女神」，所以同時又認爲對於天意，我們不表示懷疑，對於你們稱爲命運的東西，我們同樣不表示懷疑，因爲我們確實感覺到它干預著我們自己的行動，干預著我們自己計畫的成敗。但這種命運究竟是什麼東西呢？

　　謝林的解釋包括兩個方面。第一方面是整個族類的無意識與個體有意識活動的對峙。這就是說，由於我的自由行動所要達到的最終目標是個體所不能實現而必須依靠整個族類的無限延續才能實現的某種東西，這樣就必然導致我的行動的結果並不取決於我自己，而是取決於他人的意志。如果所有的人都不想達到這一目標，個人是根本不可能達到這一目標的，但要所有的人都一心一意地認準這一目標而去自由行動則又完全是不可能的，至少是不現實的，可疑的。因爲大多數人可能連想都沒有想過這一目標是怎麼回事。這樣便產生了個體行動越自由，整體矛盾就越多的情況。用道德的或法律的世界秩序也不能完全擺脫這種不確實不統一的狀況，因爲它們本身就是尙待通過自由去實現的東西。要使我們的自由行爲所追求的最高目標作爲絕對客觀的東西產生出來，唯有訴諸於包括我們在內的一切人（族類）的自由行動，同時受制於一種無意識的東西才有可能。因爲在謝林看來，意志活動中唯一客觀的東西就是無意識的東西，「因爲只有當人的隨意

的、完全無規律的行動又受無意識的規律性支配時，我才能設想一切行動是爲一個共同的目標而最後統一起來的。因此，只有在這種無意識的規律中，才存在著「隱蔽的必然性」。

第二方面，謝林認爲，眞正預先決定絕對客觀的東西（必然）和絕對主觀的東西（任意自由）協調一致的唯有永遠不能達到意識的「絕對同一性」。既然「隱蔽的必然性」是一切理智生物自由決定行爲背後的操縱者，它就是一種客觀的規律性、絕對的決定者。但是，理智作爲自己決定自己的自律主體，從主觀的立場來看，也是絕對的決定者。這樣，必然的絕對決定和自由的絕對決定似乎完全互不相干，兩者僅僅依靠自己，從自己的立場出發，那麼，必然和自由之間的一致究竟是由什麼東西來保證呢？究竟是什麼決定了客觀事物會把自由本身所不能有的，即合乎規律的東西，客觀地附加給完全表現爲任性的自由呢？儘管謝林在此之前已經闡明了一種超越於各國之上的法治秩序來保證歷史所要達到的必然和自由相統一的必要性，但也同時認爲這個目標的最後達到，既不能由迄今爲止的經驗推知，也不能由理論 a priori（先驗地）證明，而僅僅是積極進取，從事創造的人們的一個永恒信條。但如果把這歷史的最高目標只當作一種信仰，這似乎又步入了康德不可知論的軌道。謝林絕對哲學的絕對性是不會允許停留在這一點上的，他必須從理論上對必然和自由相統一的基礎作出一種先驗的闡明，方不失爲一種絕對理性的哲學。但是，既然絕對理性只能體現爲無意識活動，謝林的闡明也就陷入非理性之中了。

他認爲，必然和自由之間的預定和諧既不在理智中，也不在自由中，而只能是有理智的東西和自由的東西的共同源泉，即絕

對的同一性。這種絕對的同一性不包含任何二重性，因而既不能進入意識，也不是知識的對象，而是永恒的無意識的東西。這種永恒的無意識的東西，彷彿是精神王國中永恒的太陽，以自己固有的奪目光輝把自己掩蓋起來。它雖然從未變成客體，但在一切自由行動上標出了自己的同一性，同時對於一切理智都是同一個東西，是一切理智把自己外化爲各種不同級次的看不見的根源，是我們心中自我決定的主觀事物和客觀事物（直觀者）的永恒中介，同時是自由中包含的規定性與客觀事物的規律性中包含的自由的根據。這種解釋實際上還是陷入了康德的立場，無意識的東西正如物自體一樣，永遠只能是行動中被假定的，即信仰的對象。

　　從這裏開始，謝林就對歷史作了一種非理性的解釋。「絕對同一性」作爲歷史中必然與自由的預定和諧的根源，這種不能用理性加以認識而只能信仰的絕對單純的東西，只能等同於上帝了。不過，謝林的這種非理性主義的解釋與康德立足於道德的形式主義和信仰之上的解釋畢竟還有所不同，因爲無意識的東西，天意畢竟通過某種方式在現實歷史中客觀地向人啟示出來了，而不單純是一種只有主觀內心根據的信念，謝林還認爲: 「整個歷史都是絕對不斷啟示，逐漸表露的過程」。這裏，謝林實際上已經開始了向後期「天啟哲學」的過渡。因爲絕對不再是理性本身，也不是理性試圖把握、認識的對象，而是等同於上帝了。因爲在謝林的規定中「上帝是不斷地把自己啟示出來的」。人通過自己的歷史，不斷地作出上帝存在的證明，而這種證明只能由全部歷史來完成。不過，在謝林完全進入到後期天啟哲學的階段之前，謝林仍然忠於他前期的浪漫主義信念，謀略單單從人的某種自由創造活動中爲人類有限性的克服找到現實的客觀根據。

　　謝林從歷史中的理性轉變爲非理性的歷史過程，說明了他的純粹理性也像啟蒙時期的知性（理性）一樣，出現了深刻的危機，而他在意識到這一危機時，首先尋找的克服危機的途徑還不是天啟哲學，而是某種旣具有啟蒙理性色彩，同時又更具有浪漫主義傾向的「藝術哲學」。

三、藝術

　　無論是自然哲學，還是先驗哲學，無論是知識論，還是歷史理性，謝林都突出了藝術、審美、詩的巨大作用。解決必然和自由、理想與現實、觀念與實在、理智與心靈之間的二元分裂，實現其和諧一致的最高使命自然就落到了藝術身上。因爲，只有藝術才能直觀到那個旣不單獨在理智中，也不單獨在自由中，而只在於兩者的共同源泉中的──絕對同一性這一永恒的無意識本體。這個本體才是一切詩意東西的永恒根基，才是精神王國的不落太陽。詩意化的世界或是顯現這個永遠達不到意識的遮蔽的本體，或是用詩意的話語（而非邏輯的推論）來象徵它。總之，只有詩、藝術、審美直觀才能載人渡達超時間的絕對同一性，從而使現實生活浪漫化、詩意化。正是在這個意義上，謝林在「論造型藝術與自然的關係」這個演講中充滿自信而熱情洋溢地告訴人們：當藝術把持住了人的消逝著的流年時，當藝術把成年時期那陽剛的毅力與萌春年華那陰柔的嬌媚結合在一起時，當藝術以完滿健動的美來表現一位已把兒女撫養成人的母親時，藝術難道不是把非本質的東西──時間給取消了嗎？……完滿的此在（Dasein）就只有那麼一瞬間，在一瞬間之中具有在整個永恒之中所具有的東西。

　　通過藝術、詩、審美來解決絕對同一性問題，是謝林開闢的一條新路。雖然這一新的道路在康德的《判斷力批判》中能够找到根源——因爲康德美學以其「無利害的愉悅」爲本質特徵的審美判斷，以及帶主觀色彩的美感的「普遍可傳達性和藝術天才的想像力」這樣一些概念，開啟了以審美溝通必然和自由、知識和信仰、自然和道德這兩個截然不同的世界的可能性。把單純思辨理性的權威讓位於信仰、情感、趣味、想像等一類的實踐感覺——但是，不僅康德本人只提供了這一線索，而未提供任何確定的答案，而且，他的學說在通過費希特的發揮和系統化之後，以實踐自我能動創造性和生成性填平了二元論留下的鴻溝而成爲重道德、重邏輯、重思辨的純粹一元論知識論框架，美感、藝術、詩就不再起著它們所應起的那種作用了。因而謝林試圖用藝術、詩、審美來解決同一性這一近代哲學的根本問題時，的確表現了他與眾不同的特點。特別是表現了他與費希特哲學的重大差異。卡洛琳娜曾敏銳地覺察出謝林高出費希特之處在於：

　　我有這種看法，儘管他（指費希特）的思想有無與倫比的力量，他有深刻的邏輯性、清晰性、準確性和對主觀性進行直觀的鮮明性，然而從第一發現者的激情方面來說，他畢竟是有限的，之所以會是這樣，在我看來，是因爲他缺少上帝賜予的靈感。你（指謝林——引者）已經衝破了他無法跳出的那個圈子；我堅信，之所以會是這樣，是由於你不僅是一位哲學家——這個詞在這裏使用得可能不準確，請別責怪我——更主要的在於你有詩意，而他卻沒有。詩意直接引導你去創造，正像敏銳的感受導致他去意

會一樣。 在他那裏， 光芒要比清晰性更明亮， 而在你這
裏， 除此之外還有熱情。他只會照射， 而你會創造。我作
為一個聰明的女人， 發現了所有這一切， 我上面說的難道
不對嗎？ ……在我看來， 斯賓諾莎比費希特更有詩意。

對謝林這一特徵的認識， 隨後也出現在海湼所著的《論德國宗教
和哲學的歷史》一書中。

　　謝林對於藝術的極大興趣， 自然在他的理論創作中表現出
來， 從1800年的《先驗唯心主義體系》、1804年的「論學術研究方
法講座」和 1802 年至 1805 年講授的「藝術哲學」直到1807年的
〈論造型藝術與自然的關係〉都是集中論述藝術哲學構思的。在
謝林所處的那個喜歡構造哲學體系的時代中， 一般人為了體系的
需要而論及美學問題不足為奇， 甚至是很普遍的現象， 但像謝林
這樣把藝術與哲學聯繫起來探討「藝術哲學」的， 他還是第一個。

　　現在我們讀到的謝林的《藝術哲學》是他 1802 年到 1803 年
在耶拿就已開始關於這一題目的系統講座， 1804 年至 1805 年在
維爾茨堡大學又重新講授了一遍。在這期間， 謝林的思想已發生
了一些變化， 這些變化很大程度上是由於他和浪漫派成員之間關
係破裂和思想差異的擴大化所造成的。另一方面， 由於弗・施勒
格爾 (Friedrich von Schleger, 1772～1829) 在耶拿大學取得博
士學位後開始講授先驗哲學， 在學生中對謝林哲學進行公開的攻
擊， 激怒了謝林。關於這一點， 謝林寫信給費希特談了自己的心
情:「我當時未能注意到， 業已妥善奠定的基礎就這樣遭到損害。
代替真正科學精神的是那種從施勒格爾小圈子裏傳出來的淺薄的
詩學與哲學思想， 它也傳到了學生當中; 但我們講過四次課， 已

經給他以致命打擊。」另一方面，謝林受到在維爾茨堡整個文化階層中普遍流行的啟蒙精神的影響。謝林在其藝術講座的開場白中就要求人們注意到他對待藝術的「純粹科學目的」。他認為，那麼多不重要的對象都把科學精神引向自身，如果正是藝術放棄或不可能做到這一點，那真是太令人奇怪了。這實際上包含著對浪漫派「淺薄的詩學與哲學思想」的尖銳批判。謝林認為，正如世界是一個有生命的有機體一樣，關於世界的科學也是一個有機整體，它源於一個共同的基礎，即「一切科學的科學」，即哲學。藝術要成為科學，必須奠定於真實可靠的哲學基礎之上。

對於所有科學來說共同的東西就在於創新。科學和藝術正是在這裏發生了緊密的聯繫。「科學中的藝術」就是創造。可悲的是，近代科學在飛速發展的同時，逐步脫離了藝術，遠離了詩意創造的源泉。而藝術也在追求感官享受的同時，遠離了科學。因而藝術與科學應該而且必須携手共進。當然，謝林即使是在這裏，也並沒有把科學擡到藝術之上，這同傳統的啟蒙主義者是有差別的，而是相反，主張藝術是科學的典範，科學首先應該到有藝術的地方去，以避免失去科學創造的源泉與活力。而對於藝術來說，之所以要樹立科學的態度，是因為只有哲學才能為反思重新打開對創作來說大部分已枯竭了的藝術源泉，才能把觀者對於藝術品的完全被動接受和不高尚的享受變為對藝術作品的積極的觀賞和複製這樣一種遠為高雅的享受。謝林對於同時代的大多數人對於藝術的這種態度表示憂慮：他們站在劇院門前而從未問過自己，即使只是略為完整一些的戲劇現象要有多少條件，他們感受到了美的建築的高貴印象，而並不試圖去探求深深打動他們的和諧的原因；他們為一部高級藝術品而激動興奮，但從不去研究

藝術家憑藉什麼，而成功地控制了他們的情緒，淨化了他們的靈魂，打動了他們最內在的感情！如果說，總不讓藝術流入自己的心田，經驗不到藝術作用的人被看作是粗人的話，那麼，如果把藝術作品喚起的純感官的感觸、感官的激動，或感官的滿足看作是藝術作用的話，從精神的角度來看，他們同樣是粗俗的。謝林站到了時代的前列，不僅要求一般的藝術愛好者以嚴格科學的藝術觀理智地觀看藝術品，而且要求藝術家們到科學中去尋求藝術的真正觀念和原則。他把當時追求感官享受，藝術觀念混亂的原因歸罪於藝術創作者和所謂的理論家們沒有真正地返回到藝術的源泉中去，因而缺乏藝術的和美的觀念，不懂得藝術的本質是什麼。因而謝林不無自信地宣布：

> 我想提出的藝術哲學體系和迄今所有的體系，無論是形式還是內容都是根本不同的，這是由於我自己在原理方面要比迄今所有的人追述的更遠。

是的，謝林首先在藝術的哲學原理方面給予了成功地探究。他首先遵從的是自然哲學的「構成原則」，借助於理想與現實、主體與客體、無限與有限、自由與必然這樣一個範疇系統，建構藝術世界的理想模型。他認為，藝術與自然不是對立的，相反，藝術像自然一樣，是一個封閉的、有機的、各個部分裏都是必然的整體。但藝術的有機體比自然有機體的組織，內部結構更為高級和錯綜複雜，藝術也比自然更能讓我們直觀地認識到我們自己的精神奇跡。因為自然界的有機作品是原生的、未經分解的和諧，而藝術作品則是分解後藝術家再造的和諧，藝術在觀念世界中的地位類同於有機體在現實世界中的地位。所以這也說明了藝

術之為藝術，就不能不「自然」，即在藝術的自由創造中構造原貌的自然:「藝術的真正構成是把藝術的形式再現為事物的形式，正如它自在的或在絕對中所是的那樣」。所謂事物自在的(an sich)樣子，也就是事物「本來」的樣子，是處於「原型」狀態下的事物，是在其「絕對」狀態下的樣子。藝術的形式，作為對事物形式的再現，它本身就是「摹本」，是映現「原型」(Urbild)的造型，即「Gegenbild」。這一藝術原理與浪漫主義的自我表現說實在是相去甚遠。儘管表現出謝林以「自然」為摹本的自然崇拜，但與其說是浪漫的，倒不如說更符合現實主義的藝術原則。但同時應該看到，謝林是反對當時一些人盲目地鼓吹藝術模仿自然這一說法的。他之所以認為這些人提出這一觀念是荒唐的，是因為他看到對於這些人來說，自然只不過是僵死的物的集合體，是所謂的對象的堆積。他們看不到，自然之為自然的創造性、生命活力和精神奇跡。而只有充滿靈感的觀察者才能在自然中看出演化萬物的神聖創造力本身。謝林在〈論造型藝術與自然的關係〉一文中就明顯地表達出他對於那些「模仿論」者的不滿:「我們目睹了十分荒唐的場面，正好是那些剝奪了自然生命的人，卻又要求藝術模仿自然的生命，對於他們也許用得上一位思想深刻的作者的話: 既然你們虛偽的哲學已把自然收拾掉了，你們現在為何又要求我們模仿它呢? 」因此，在對於藝術與自然的關係上，我們要深刻領會謝林的意思，他既是機械模仿論的批判者，本身又是一種特殊意義上的「模仿論」。自然對於藝術具有首要的意義，但是，自然美由此就能高於藝術美嗎? 謝林又斷然否認這一答案。

　　藝術和自然儘管在謝林的藝術哲學中是那樣地符合一致，但

　　兩者遵循的是完全不同的方法：自然是從無意識的創造活動開始而以達到人的意識爲目的，藝術則是從藝術家有意識的審美創造活動開始，而以把世界重建爲無意識的藝術品而結束。因而，藝術家在自己的作品中除了表現自己以明顯的意圖置於其中的東西以外，彷彿還合乎本能地表現出一種無限性，一種對無限矛盾的感受，以及對無限矛盾的消除。這樣一來，藝術作品必定是美的，因爲它在實在的東西中表現了自由和必然的無差別，觀念與實在、無限與有限的完滿滲透和同一。而有機自然產物就不一定是美的，因爲我們無法設想自然界中有美的條件，如果它是美的，只說明這種美是完全偶然的。在這個意義上，謝林又反對藝術去摹仿自然，因爲並非純粹偶然的美的自然能給藝術提供規範，而是相反，只有完美無缺的藝術所創造的東西才是評判自然美的原則與標準。這一點與前面所講的藝術形式必須體現爲事物的形式是矛盾的，但這矛盾又是不可消除地存在於謝林的藝術哲學之中。不過，在此他所表現出的藝術美高於自然美的論斷後來爲黑格爾所發揮。

　　通過藝術與自然關係的比較，謝林把藝術的基礎和特徵就確定爲有意識和無意識的同一，自由和必然的絕對綜合或相互滲入。這實際上正是近代哲學一直所致力解決又從未解決的「絕對同一性」問題，謝林現在試圖通過藝術來加以解決。在這裏，謝林認爲，藝術同哲學在解決人類精神最高使命上具有同等的價值，只不過，哲學使用的是觀念，而藝術則運用具體的形象。用他的話說，即「哲學是用原型來描述絕對的東西。」藝術則只有用「造型」描述或表現了作爲「原型」的絕對的東西，才能成爲藝術哲學。如同對哲學來說，「絕對」是「眞」的原型，對藝術

來說，絕對則是美的原型。「眞」和「美」只是對同一個絕對的兩種不同的觀察方式（哲學和藝術）的結果而已。把「絕對」作爲美的原型，或者說作爲本原的美（Urschöne），一方面，使藝術上升到哲學的同等高度，另一方面則追溯到了藝術的「本原」。「絕對同一性」成爲一切藝術的直接原因。在謝林的用語中，「本原」就是邏輯的根據。問題在於，這種「邏輯的根據」，如何能成爲藝術的「直接原因」呢？我們先得弄清，謝林藝術哲學的如下兩條原則或規定：

（a）藝術是關於絕對的特殊經驗。

（b）藝術哲學的目的就是要使藝術品在同絕對的關聯中去描述「現實的」、「有限的」、「感性的」現象。

這樣一來，謝林關於絕對是藝術的本原或直接原因這一思想，起碼也具有如下雙重含義：一方面，「絕對」是藝術的預定和諧，激起藝術家從事藝術創造的美感衝動，即是對「絕對」之矛盾（有意識的與無意識的事物，自由行爲和必然性命運等）的感受，這種矛盾是握住藝術家生命咽喉的整個生存的根本矛盾，最終通過藝術創造而轉換成藝術品的無限和諧的美感。另一方面，無論人們把「絕對」作爲「本質」、「根據」、「本原同一性」，還是作爲「神」、「命運」或「和諧的總體」，藝術之爲藝術，都必須以一種特殊的折射力（Brechung）讓絕對出現在現象（Phänomenen）之中。無「絕對」的「現象」只是一種純粹有限之物，只有顯現出「絕對」的有限之物，才是「無限」與「有限」的完滿滲透，才是「神靈」「活現」，才「美」，才「藝術」。正是在這樣的意義上，「絕對」之於藝術，才有其「本原性」。

通過藝術來顯現「絕對」，完成了哲學以觀念想完成而未能

完成的事業，從此奠定藝術的基礎，無論對於哲學還是對於藝術，均具有重要意義。黑格爾曾高度評價說：「到了謝林，哲學才達到它的絕對觀點，藝術雖然早已在人類最高旨趣中顯出它的特殊性質和價值，可是只有到了現在，藝術的真正概念和科學地位才被發現出來。」⑯ 我們看到，在黑格爾的哲學體系中，藝術雖然也和哲學共處於「絕對精神」這一最高的觀念發展階段，但藝術必須經過宗教的中介，最後才過渡到最高的哲學階段。這一點和謝林是極為不同的，體現了兩種不同的思維方式。對黑格爾來說，他注重的是理念自身的邏輯生成，概念的思辨運動，最終達到自在自為的絕對真理，因而藝術只能是對「絕對」、「理念」的一種「感性顯現」，唯有哲學理性的概念把握，才是唯一可靠的。而對於謝林來說，哲學的理智規定是達不到對「無限」、「絕對」之類本原東西的把握的，對於這些本原性的東西，唯有藝術的直觀和美的顯現，概念、邏輯無濟於事。因此，他把藝術哲學視為其哲學的最高級次。哲學只有一個，因為本質只有一個，絕對只有一個，而無論是自然哲學，還是藝術哲學，唯有它們表現了這個「絕對」時，才能達到哲學。在這個意義上，把藝術添加為藝術哲學，只是限制了哲學的範圍，而沒有改變其作為哲學的本性。藝術成為整個哲學體系的「拱頂石」，成為哲學理念的最高物證。

在這種藝術哲學觀的支配下，謝林規定藝術創作的任務，即是再現這個「絕對同一」作為絕對的一種流溢（Ausfluss）。由於絕對是一切美的原型，而由絕對流溢出來的藝術世界則都蘊含

---

⑯　黑格爾：《美學》，卷1，頁78，北京商務印書館，1975年版。

「美」。這樣，謝林就在西方哲學史上，第一次從藝術哲學的角度把絕對這一宇宙之源，萬物之本藝術化和浪漫化了。它不再像在純粹思辨哲學中那樣只是一個邏輯上的抽象前提，而成為必須化為具體物象的藝術品的絕對理想。

完成了對藝術本質的思辨界定之後，謝林的藝術哲學就從一般原理的研究轉入到第二大部分——藝術內容的研究。他得出的一個基本結論就是「神話是一切藝術的必然條件和原始素材」。

要理解這一論斷的內容及意義，我們首先必須理解「神」、「神話」在謝林藝術哲學中的含義。在耶拿時期，謝林主要是從費希特創造一切、包容一切的自我這個意義上來理解「神」或「上帝」概念的。在同一哲學中，上帝雖然仍然是非人格的哲學理念，但也已作為設定這個實在世界的邏輯前提和根據的「絕對」。也就是說，主體或客體、有限與無限、理想與現實諸種本體論上的二元對立的絕對無差別（同一性）就是「神」或上帝。在《藝術哲學》中，謝林也是從「絕對」、「理念」同等的意義上來論證「神」的特性的。我們首先來看看謝林對「理念」的規定。他說：「特殊事物，只要它在其特殊性中是絕對的，那麼它作為特殊的東西同時是普遍的東西，叫理念。」這就是說，每個理念都包含著兩個統一體，其一即理念內在於自己本身之中並同時是絕對的，因而這個統一體就是在其特殊之物中構成絕對，其二是理念作為特殊之物被納入絕對之中作為其中心。每個理念的這種雙重統一是真正的秘密所在，通過它，特殊內在於絕對之中並同時又能被理解為特殊之物。所以哲學理念就具有了「神」的意義。謝林明確地說：普遍與特殊這種內在同一之物（Ineinbildungen），自在地覺察自身的諸理念，即是神性的形象，是實在地覺察出的

諸種神(Götter)，因而每一理念都等於神，但只是一特殊的神。
這樣一來，諸神就完全同理念一樣，一方面，每個神自身就包含
著同一的不可分的無差別的「神性」，否則就不成其爲「神」，
另一方面，「神」又是多種多樣的，既有「男神」、「女神」，也
有「善神」、「惡神」，他們都具有自己特殊的鮮明個性。神即是
這種特殊個性和普遍神性的同一，這在希臘神話中表現得非常明
顯。宙斯、密那發、朱比特、朱諾都既是個體形象，同時也體現
了它們之中共同的神性絕對，因而諸神既在自身之內構成一個自
足的世界，同時又相互組成一個共同的神性世界。而這個神性世
界，在謝林眼中，就是「絕對」的世界，它體現出現實與理想、
主觀與客觀、自由和必然、有限和無限的完滿滲透和同一。「諸
神的絕對現實性直接來源於它們絕對的理想性」，因爲諸神都是
「絕對的」，所以，理想性和現實性是同一個東西，絕對的可
能性就等同於絕對的現實性，最高的同一性就直接是最高的客觀
性。正由於神具有這種「心想事成」的本領，由於神話中的諸神
是特殊性和絕對性的最高度同一，因而藝術之來源於絕對，就是
說藝術來源於神，藝術存在於神之中，神話成爲藝術的必然條件
和首要內容。神話既是一個「世界」，又是肥沃的土壤，唯有在
這裏，藝術的植株才能生存下來並繁榮爭艷，百花盛開。神話成
爲「絕對的詩」，成爲一切詩性世界的最高原型。

　　以上所述，謝林從哲學過渡到藝術，從哲學上絕對觀念過渡
到藝術上的神性形象，追問了藝術「何以可能」的最內在本性和
藝術的一般內容。接下來我們要考察的即是謝林關於藝術「如何
可能」的具體理論。

　　簡單地說，這個問題就是要追問，藝術如何顯現在絕對中，

或者說神是如何體現為有限的特殊的存在物而又不失去其無限、永恒的絕對本性？謝林的解釋是依靠人類的「想像力」。因為謝林看到在德語中「想像力——Einbildungskraft——就是形成同一之力量」，更清楚地說，這種想像力就是「幻想」(Phantasie)。神話的世界既不是理智和理性按照邏輯、科學所構成的，唯一地只是以幻想所建立的。因為邏輯的推論、概念的分析都要摧毀神性世界的魅力。能够設立一個可能性和現實性直接等同的神性絕對世界，就只能靠想像，離開幻想，我們不能邁進神話世界一步。因而謝林把幻想稱之為藝術中的內在表現者和理智直觀。只有它，才是使絕對流溢到美的作品中去、使神在有限之物中被直觀到的藝術媒介。

說想像力、幻想是絕對之藝術化的媒介，這只是從藝術創造者和欣賞者的主體方面而言的，從藝術品這一「客體」對象方面來說，其表現方式是「象徵性的」(Symbolische)。他說道：表現絕對同在特殊事物中的普遍和特殊的絕對無差別只有象徵性的才是可能的。他進一步把「象徵的」表現方式區分為「圖式法」和「隱喻的」這兩個方面。所謂「圖式法」(Schematismus) 就是普遍示意特殊，或者說特殊的東西通過普遍的東西而被直觀到。相反，隱喻的方式則是特殊示意普遍，普遍的東西通過特殊的東西而被直觀到。這兩個對立面的綜合，即既非普遍示意特殊，也非特殊示意普遍，而是兩者絕對是一回事，這就是象徵性的。實際上，這三種表達方式之間存在著一個共同的東西，即都必須通過想像力才是可能的，這意味著藝術，不論是作品的創作還是讀者的鑒賞，想像力都是必需的內在素質和媒介。

通過運用自然的構成原則，謝林把自然的原本創造力歸之於

藝術，而藝術天才的創造力量是由想像力來承擔的，由藝術所完成的對無限的追求，對同一性問題的解決，對「神」的領悟，唯有依賴想像力的創造性本領。在完成了對藝術的「自然構成」之後，謝林又轉向了對藝術內容的「歷史構成」。所謂「歷史構成」乃是按照歷史的內在本性建構藝術觀念和藝術發展的歷史結構和聯繫。在謝林生活的時代，歷史學尚未成為一門科學，在哲學中對純粹理性的追求，雖然在歷史領域也表現出對歷史的理性化傾向，但總的說來，歷史領域一般被看成是由激情、衝動、主觀意志和觀念所主宰的。因而由意大利哲學家維科所開創的「歷史詩學」一直被當作是笛卡爾理性主義的對立面。他的歷史哲學思想由德國啟蒙主義思想家赫爾德（Herder）介紹到德國，同康德後期的歷史哲學一起對謝林的思想產生了重大影響。他是在藝術領域第一個全面地試圖以歷史發展觀點來建立藝術觀念體系的人，而藝術觀念體系作為「藝術形式」的建構是與其「內容」的建構緊密聯繫在一起，也就是說是同作為藝術必然條件和首要內容的「神話」觀相關聯的。謝林試圖「歷史地」對待神話，把它看作是人類意識發展的一種共同的合規律的階段。這種規律在謝林的眼中是從屬於他手中的那兩套一再適用的概念：實在的和觀念的。就神話來說，從屬於「實在的」概念的，是出於「自然」的古希臘神話。也就是說，在第一形式的神話——古希臘神話——中，宇宙被直觀為自然，在另一形式的神話——基督教神話——中，宇宙被直觀為歷史的世界。謝林認為，正如整個世界的發展是從「自然」到「歷史」一樣，神話世界從「自然」到「歷史」、從「實在」到「理想」的發展也就構成了藝術從古代到近代發展的各自特性和內在的歷史聯繫。對古代藝術而言，其特徵總體著

上是「隱喻的」。具體說來，謝林對照這種藝術的發展特點，把藝術體系分為「實在的藝術」系列和「觀念」的藝術系列兩大類。前者由音樂、建築、繪畫和雕刻來代表，後者是由文學來體現的，也可以稱之為「言語的藝術」（ die redende kunst） 。可以說，這種分類法完全是受著席勒關於「樸素的詩」和「感傷的詩」這種劃分方法的影響，不僅新意不多，而且對於藝術整體來說，顯得矯揉造作。因為謝林過多地從其「思辨的」哲學立場上來考察藝術，對藝術的哲學觀念之間的歷史轉換關注較多。相反，不僅對藝術豐富多彩的現實聯繫關注不夠，而且為了「思辨構成」的需要，常常使藝術無限多樣的現實，屈從於他那兩套刻板的觀念。所以使得他的歷史原則無法順利地得到貫徹。他不能捨棄從「絕對」來奠定藝術觀念基礎的做法，但在「絕對」中並不存在著運動和發展，時間也終止了。這就是說「絕對」與「歷史」是不相容的。「歷史」是多樣的，同時是「不完善」的，因而就不會有「絕對」，同樣，「絕對」是完善的，唯一的，因而就不會有「歷史」。藝術品最終都體現為對時間、歷史的超越，所以很難用所謂「歷史的原則」一以貫之地規畫其發展的內在道路和聯繫。相比之下，比謝林晚得多的法國藝術史家丹納 （H. A. Taine，1828～1893年）從非思辨的「描述」立場，對藝術發展所作的歷史考察就顯得更為精到和易於理解。下面我們還是看看謝林對於具體藝術的思想見解。

　　他以音樂開始了個別藝術形式特徵的論述，音樂藝術從屬於實在藝術的系列，是「象徵的」。在音樂中得到反映的是可見世界的統一、和諧與節奏，它再現的是世界的變化或生成本身。它從屬於時間，並只有一維性，而非從屬於形象。當謝林把音樂作

爲自然界原型節奏的再現時，他便是把節奏本身看作是音樂中最爲重要的東西，看作「音樂中的音樂」。謝林對音樂的論述不多，是《藝術哲學》中最爲薄弱的部分，所作的論述也只限於上述一般性的思辨。

謝林認爲，繪畫是表現形狀的第一個藝術形式，它在一般中表現特殊。光線被謝林賦予重要意義，它是這門藝術形式中的一般，是理念，是顯現在自然中的理想。他說理念本身就是光，但只是絕對的光。同光相對的是色彩。他詳細地論述了素描、明暗對比法和著色法的特徵。在重色彩還是重素描的爭論中，他主張對二者進行綜合，實際上卻更重視素描。在繪畫中，謝林有雙重理想，拉斐爾(Raphael, 1483～1520)(素描)和柯勒喬(corrggio, 1489～1534)（明暗對比法）。謝林把雕刻藝術——在其中把建築和雕塑放到一起——視爲對音樂藝術和繪畫藝術的綜合。他把建築看作是有機形式的反映，同時也強調了它同音樂的接近，認爲建築是「凝固的音樂」。在雕刻藝術中，雕塑占有重要的地位，因爲它的對象是人的身體。謝林在最古老的神秘主義傳統精神裏看出人體是世界結構的理性象徵。通過雕塑，現實的藝術系統就完成了。造型藝術的發展歷程，照謝林看來是藝術逐漸地從物體中解放出來的過程。在古希臘的雕塑藝術中，精神的方面在物體中找到了它的表現，雕塑藝術必然在古代處於優勢，希臘的神話爲其奠定了基礎，它既創造了諸神的形象，同時也界定了藝術的目的。在近代，基督教起著類似的作用。但繪畫已不是利用有形物體，而是利用顏色和光線，所以在某種程度上（特別是在謝林的概念裏）是利用精神的手段。它成了近代占統治地位的藝術，對於畫家來說，最重要的就是表現精神的美。米開朗基羅（

Michelangelo)「通過最強烈的力度，補償了纖細、嫵媚和秀麗的不足。」在柯勒喬那裏，感性靈魂是美的現實根據，這使他的作品完滿了優雅和愛的魅力。自從拉斐爾以來，被調和了的人世事物和天國事物之間，以及反過來，天國神性與柔弱的人性之間有了結合的可能。神性與人性具有同等價值的圭多雷尼（Guido Renni)成了「眞正心靈的畫家」。

隨著造型藝術——藝術的實在系列的完成，謝林轉向了言語藝術——藝術的觀念理想系列——的建構。後者包括詩歌、小說和戲劇。

謝林認爲，單是造型藝術，不能把自己顯現爲一種理想的東西，它必須借助於別的東西使自身得以表現。而使言語藝術得以表達其理想的是一自在普遍的東西，也就是語言。因而言語藝術是比造型藝術更高的級次。在言語藝術裏，謝林尤其注意到詩歌的本質特性。因爲詩歌作品不是作爲一種存在，而是作爲創造性活動而顯現的，因而可以把詩歌看作是藝術的本質，幾乎就像靈魂是肉體的本質一樣。但在這裏，謝林所討論的不是作爲藝術本質的詩，不是在神話中所談論的詩，而是僅就它本身作爲一特殊藝術形式而言的詩歌，因而是作爲一切藝術本質的顯現而言的詩歌。謝林把詩歌分爲抒情詩、史詩和戲劇詩。

對詩歌藝術的這種分類，其所依據的原則除了從自然到歷史的次序外，就是根據謝林自己所確立的「級次」間的等級順序，即把特殊性或差異的級次作爲第一級次，把同一性級次作爲第二級次，把統一與差異、一般與個別在其中表現爲完全的同一性或根本無差別的級次作爲第三級次。謝林之所以認爲抒情詩是第一級次，是因爲抒情詩比起任何別的詩歌來更加直接從主體出發，

如從詩人的心情、主觀性出發，引起一種客觀性的描寫，因此也就是從特殊性出發的，是從有差別的東西出發的。在這個意義上，抒情詩是在特殊中表現無限和一般。有限與無限的對立彷彿成了詩的內在生命原則和運動原則。而在史詩中，謝林則相反地認為是同一性占據著統治地位，在它之內激發不出無限來，不是因為似乎在那裏不存在無限，而是因為無限在同有限的共同的統一體中安息著。史詩的課題就是描述行為，使這行為在其絕對性中或其自在地那樣成為歷史的圖象，因而史詩是在一般、無限中體現特殊、個別。抒情詩是反省的、意識的，而史詩則是行動的、客觀的。史詩最引人注目的特徵是，行動被表現在自由和必然的同一性中，完全找不到對無限的激動。在這裏，謝林表達了史詩本身是靜穆的，而史詩表現的對象卻是運動的思想。但不能反過來說，認為史詩是通過運動來表現寧靜的東西，以便於把運動放進史詩而把靜穆放進對象中。戲劇克服了抒情詩和史詩出發點上的片面性，其特徵便是有限和無限、現實和理想的綜合。

謝林的這些規定，從現今的視野來看，是難以令人滿意的，因為它過多地從概念思辨的立場來分析藝術的特徵。在這些分析中，人們不難發現後來成為黑格爾辯證法要素的正、反、合的三段式辯證運動規則，但僅用這幾套對立的哲學概念來表達豐富多彩的藝術現象及其歷史發展的系統特徵難免就會出現虛構和拼湊。因此，連自己也偏愛於思辨構造的黑格爾也指出，謝林運用兩套概念——「理想」和「現實」、「自由」和「必然」、「有限」與「無限」——就像藝術家只用調色板上的兩種顏色換來換去地調和來描繪世界一樣，是單調、貧乏的。從這種思辨地構造藝術體系方面來看，謝林的藝術哲學不是浪漫派、而是浪漫派的敵人

和批評者黑格爾的直系先驅。好在，今天的閱讀者不會注目於他的藝術體系構造而只注意聆聽他對於具體藝術本性及其發展的眞知灼見。在「詩論」部分，最引人注意的首先就是關於長篇小說的理論，他把長篇小說看作是近代的史詩，看作是世界、至少是時代的一面鏡子，體現的是現實主義的藝術原則。他的出發點是塞萬提斯的《唐·吉訶德》和歌德的《威廉·邁斯特》。對於英國小說，他所談不多。他還把小說看作是史詩和戲劇的融合，這也符合19世紀小說的主流事實。因爲當時的小說沒有戲劇成份是不可思議的，它是在現實主義戲劇發展的影響下產生出來的。當然，由於長篇小說只是在近代才興起，而這種小說理論直到19世紀初也未曾出現，謝林和浪漫主義一起首創了長篇小說的理論，從「傳奇」引伸出小說的概念。這種理論儘管是不完備的，但確也奠定了後來發展的基礎，並總結了當時的小說創作的特徵，這是他和浪漫主義者的貢獻所在。

　　對於戲劇詩的研究，謝林著重分析了悲劇和喜劇。他把悲劇衝突同必然與自由之間的辯證法緊密聯繫起來，自由是在主體中被給予的，而必然則是在客體中被給予的。歷史必然性同英雄的主觀努力之間的碰撞構成了悲劇衝突的基礎。在其悲劇性思想中，謝林部分地是以席勒的思想爲出發點的。席勒不僅創立了悲劇理論，而且也爲悲劇這一藝術門類提供了光輝的典範。對席勒而言，悲劇的意義在於，精神自由對命運的非理性的、盲目必然的勝利。而對謝林來說，悲劇的意義在於，在自由和必然的相互衝撞中，雙方都取得了勝利，即是說悲劇衝突終止於自由和必然的綜合，也就是它們的和解。只有從自由和必然的內在和解中才產生出努力追求的和諧。席勒的命運的非理性在謝林這裏轉變爲

某種理性的，神性和合乎規律性的東西。按照對必然性的這種解釋，必然性在謝林這裏就帶上了不可避免性這種神秘的宗教色彩。所以在謝林的評價中卡爾德隆（Calderon，約1600～1681）要高於莎士比亞，因爲在後者這裏「自由同必然是衝突的」。這也可以理解，索福克勒斯（Sophokles，公元前 496?～406）（筆下的〈奧狄浦斯王〉在謝林的解釋中，爲什麼具有聖經裏的受難者約伯的特徵。黑格爾後來統一席勒和謝林的立場，但他明顯地更偏向於謝林。

謝林對喜劇著墨不多，他把喜劇的本質看作是在悲劇中自由和必然關係的顛倒：必然成爲主體，自由成爲客體（浪漫主義諷刺思想的影響）。必然性作爲客觀的、不可避免的東西顯現出來，是命運，只有在這點上它才是令人可怕的。但由於在喜劇中，自由和必然關係的顛倒，就消除了一切對作爲命運的必然性的畏懼。並且假定了在行動的這樣一種關係裏根本不可能有眞正命運，所以對必然和自由的不和諧，甚至對純粹必然的恐懼就會轉變爲一種自在的快意。這種快意就是人們一般稱之爲喜劇性的東西。它是通過緊張與鬆弛的一種瞬間的自由交替表現出來的。

這套藝術哲學的體系，通過想像力這種直觀形式使人接近了絕對或神，通過藝術形象或藝術形式把哲學家主觀追求的主體與客體、有限與無限、理想與現實、自由和必然之間的絕對同一性變成客觀可見的了。藝術便眞正成爲哲學的最高工具和客觀物徵，同一性哲學在藝術哲學中就完成了。但是，正如我們已經看到的，謝林在其藝術哲學中表達其同一性的浪漫思想的思辨手段（概念推演、三段式發展）已經開始顯得無法容納豐富的浪漫主義精神氛圍了（其中許多思想更具現實主義色彩）。在今天，如果我

們去研究這種矯揉造作的體系形式，肯定沒有多大的實際意義。

我們之所以覺得他的藝術哲學值得深入地研究，主要原因就在於，在他的這套思辨體系內部包含著豐富的浪漫思想。而這些浪漫思想並非僅僅具有一種歷史的意義，而且它或隱或現地一直滲透在現當代思想家關於藝術與生存的討論之中，成爲一種具有現實意義的生存智慧。

謝林的這些具有現實意義的浪漫思想不僅僅表現在他崇尚藝術中的自由創造並以審美的態度去看待自然、宇宙和人生、歷史，也不僅僅表現在他強調「天才」的無意識的創造力，把美看作是無限的絕對理念的有限表現（黑格爾著名的關於美是無限理念的感性顯現的定義顯然有謝林的影響）。這些思想誠然是極其重要的，正如賀麟（1902～1992）先生所說：「像這類的話代表浪漫派的藝術思想之正式宣言。」**⑰** 不過，在我看來，最有現實意義也最能體現謝林藝術哲學浪漫精神的，還是他那來源於席勒的關於藝術的人本主義理想。這種人本主義，不是僅僅把藝術看作一種意識形式，一種把握世界的直觀審美的思維方式，而更在於強調藝術是人生的一種建構力量，是超越於現實生活的一種理想世界。這正是浪漫主義藝術觀的一個根本特徵。

謝林早在《先驗唯心論體系》中，就附帶地提出過：「能滿足我們的無窮渴望和解決關於我們生死存亡的矛盾的也只有藝術」，「超脫凡俗之路只有兩條：詩和哲學，前者使我們身臨理想世界，後者使現實世界完全從我們面前消逝」。藝術的這種對人生的詩化的理想功能在謝林的藝術哲學中得到了深入的闡發，

---

⑰　賀麟：《哲學與哲學史論文集》，頁 299。北京商務印書館，1990年版。

他大談神話世界的和諧統一、理想與現實、有限與無限的內在一致，目的也就在於，試圖在神話這個原型世界裏爲人的生活的詩化提供一個理想的模型。

建構神話世界的人本主義理想，這是謝林明確提出過的，在《先驗唯心論體系》的最後，他說：「新的神話……是彷彿僅僅扮演一位詩人的一代新人的構想」。而在《藝術哲學》中，理解其神話思想的人本主義理想的一個至關重要之處就在於，他把神話不僅僅是作爲把握世界的直接方式，而是作爲人的存在方式提出來的。他認爲，神話可以從兩個方面來理解：一爲眞實存在過的事件，一爲人的理想的存在方式。謝林批判了自啓蒙運動以來，把神話看作是人類愚昧的產物，把它看作是純屬臆造、虛構的東西的觀點，他區分了歷史神話和哲學神話，前者是對以往發生過的事件的記錄。當然，這些記錄下來的神話，有些是眞實的事件，有些則是被歪曲了的事件。而哲學神話則適應於對事理進行說明的需要。但無論如何，謝林強調一定存在著一個神話的史前時代（Vorzeit），在這裏，人神同形同性。但是，人類歷史的前進，一再地把神話排除在日常的生活之外，科學使人的生活世界變成了知性的世界。知性雖然能够在生產中造就物質財富，但摧毀了創造的基礎。要超越知性世界，謝林認爲，只有依靠神話才行。因爲神話是對知性的理智思想的徹底背離，它排除反思，只把自己的感覺和想像當作眞實的現實，實質上是思想和行動的相互滲透、合二爲一。這樣，神話的世界就是一個和諧統一的創造性的世界，因爲諸神的絕對現實性直接來源於他們的絕對理想性。在這裏，絕對的可能性＝絕對的現實性。所以諸神的世界，就是人所追求的詩意世界、創造性世界的原型。謝林得出了

人的生活世界離不開神話的結論，因爲離開了神話，現實生活就失去了創造性想像的空間。如果沒有神話，人也應該爲自己造出一個神話來。在這個意義上，謝林是把神話作爲人的理想的存在方式來建構的。無論是他對古希臘神話還是基督教神話的闡釋，「神」都不是純粹的神，而同時具有人性、人形、人的七情六欲。最根本說來，具有人所不及的創造性。這在多神論（體現於古希臘神話）那裏，是極爲明顯的事實。雖然基督教以一神論取代了多神論，但謝林認爲，它仍然「主張神性（Gottheit）中的個人多樣性，這是多神論的痕迹」。所以，神性仍然是人所追求的人性，神的浪漫生活仍然是人所追求的生活，神的創造性也正是人所追求的創造性。無疑，這種關於上帝的理論具有徹頭徹尾的擬人觀的性質。謝林認爲，上帝作爲三位一體的東西，必須體現於有限的個人形象才有象徵意義。上帝自身作爲萬物之父，從未失去他的永恒性和絕對性，但從他的永恒性和絕對性本身又誕生出兩個同他一樣也是永恒的形象：聖子和聖靈。聖子既是絕對永恒的，同時又是「在現象中受難的和變成人的聖子」，「基督彷彿是神變爲人的頂峰」。所以，完全可以說，謝林與其說關注的是神話世界是詩性實在（poetische Realität），不如說是爲了給人的現實生活世界之詩化尋找「象徵」（Symbol）和「隱喻」，並把兩者綜合起來，成爲聯結人與神的一種「圖式」（Schematismus），於是，理性主義將人神化就爲謝林的這種將神人化的思想所取代。

謝林在藝術哲學中的這種神話學人本主義思想，完全是同浪漫主義神話觀（主要表現在施勒格爾那裏）一致的，而且開創了包括尼采在內一直到二十世紀的整個神話學的先河。他們都把神

話看作是爲人的生活設立價值觀念的活動，將神話創作視爲文化和人賴以更生的必需手段。因此，國際學術界才一致公認謝林的「見解影響極大，對 20 世紀的有關神話的，特別是有關神話詩學的論爭，至關重要」。

　　藝術哲學在謝林自身的整個哲學中的地位也是至關重要的。儘管存在著上述手段（思辨）和內容（浪漫）的尖銳矛盾，然而，在體系形式上，藝術哲學把知識中科學所追求的主觀與客觀的認知性同一，以及實踐中歷史所努力實現的自由與必然的理想性同一綜合起來，成爲絕對的一項理性事業，完成了同一哲學的體系建構，成爲整個哲學大廈的「拱頂石」。藝術成爲克服一直主宰著西方近代思維的心物二元論的「唯一的、永恒的啟示，它是一種奇迹，這種奇迹哪怕只是曇花一現，也會使我們對那種最崇高的事物的絕對實在性確信無疑」[18]。在功能上，藝術把哲學家只能主觀地、觀念地實現的同一性變成客觀的，它彷彿給哲學家打開了至聖所，把那有限的知性所分割開的現實世界與理想世界的隔膜，把在自然和歷史中所分離的東西，燃燒成一道火焰，打開了一個缺口，讓那個只是若明若暗地透過現實世界而閃爍出來的理想世界的山川景色的和諧統一完全袒露出來，並以其感性的感召力引導著全人類達到這一壯麗的景致。在思維方式上，謝林通過把藝術作爲解決人生問題的手段，找到了實現哲學的生存論突圍的途徑。自近代以來的西方哲學總是以科學（知識）爲中心，或者說試圖以科學爲手段來解決社會人生及其價值問題，結果一再地表現出手段和目的之間的異化，從而出現了人生價值的

---

　[18]　《先驗唯心論體系》，頁267，北京商務印書館，1983年版。

虛空。謝林一方面以自然哲學以及作爲其續編的先驗知識論延續著這一科學理性主義傳統，另一方面，把審美意識引入其中，把哲學的視野通過對自然和歷史的審美觀照而逐步提升到對人生詩化的藝術構想，從而使對人生的理想價值世界的追尋成爲哲學的中心。當然，謝林的這一人本主義的價值取向，在藝術哲學中，也還是隱晦不明的，它仍被神話的象徵所掩蓋。儘管神話中的諸神，既體現著絕對完善的哲學理念，又是活生生的人的形象，但畢竟是出自於神本主義的異化立場。但是，以神來反映人，以神的世界來建構人生的世界，這卻成爲謝林整個後期哲學的一個主要特色，也是其後期哲學轉向宗教的眞實原因之一。

第五章　後期思想：浪漫神性對理性的背叛和淹沒

　　對於謝林後期思想的恰當敍述，常常是非常困難的，也許理解（根本談不上充分地理解）這種思想的時機尚未到來，也許人類的思想如果錯過了理解它的那個時機就永遠不會被人理解。時間既能讓一些東西從深沉遮蔽著的歷史中顯現自身，閃耀出它應有的光芒，但時間也能讓一些東西永遠放不出它應有的光芒而不得不歸於黑暗。謝林後期思想似乎命定地就是不合時宜從而得不到人們理解的。對於他那個尚且對絕對理性懷有希望（即使內心不斷地對它感到失望但仍然不願失去它）的時代，謝林對理性的批判顯得有些「冒進」，因而出現得太早；對於現代非理性主義泛化而走向極端的時代，謝林思想中殘留著理性思維的思辨軌迹，又顯得陳舊、保守。然而，難於理解的真正原因，似乎尤為不能忘記了它那長長的時間跨度❶、多種論題的混雜和恢宏的著述文獻。當然，對於社會主義國家的讀者和研究者來說，影響其正確理解的關鍵因素還在於強大的意識形態的誤導。但是，無論理解這種思想有多大的困難和阻力，我們決不能放棄正確理解的努力，這不僅關涉到我們如何公正評價和把握謝林本人思想的問題（如果

---

❶　試想想看，整個德國古典哲學的輝煌時期，從1781年康德的《純粹理性批判》到黑格爾這位被稱之為古典哲學「完成者」於1831年的逝世為止，也不過只有整整 50 年，而謝林的後期思想，一般地從1804年算起到他於1854年逝世為止，也正好經歷了50年！

把一個人在50年的漫長歲月裏沉思默想的東西從其思想中去掉，
而只談論他的早期思想閃光，誰敢說他理解了這個人呢?!)，而
且更爲重要的是它涉及到我們如何看待德國古典哲學的發展演變
以及德國古典哲學如何向現代「轉型」這個至關重要的問題。譬
如說，在我國，一般認爲黑格爾哲學「包羅萬象」，是整個德國古
典哲學理性主義發展的頂峰，但它如何能夠包容得下謝林後期的
這些明顯反擊黑格爾理性主義的宗教思想呢？我們一般地認爲，
德國古典哲學從康德到馬克思，是理性不斷發展高揚的過程，其
中包含著一條嚴密推進的邏輯線索，構成這一邏輯線索每一環節
的哲學家們的思想都是必然的，符合規律地產生的，那麼我們如
何對待謝林這種逾越邏輯線索之外的「非理性主義」思想呢？如果
不考慮謝林，我們又如何能夠解釋現代非理性思潮產生的內在根
源和德國哲學及至整個歐洲哲學從理性到非理性的「轉折」呢？

　　無論如何，謝林的後期思想不容我們忽視它，否則，我們只
能把握一個殘缺不全的謝林，我們只能面對一個殘缺不全的德國
古典哲學!

　　思想史上把 1804 年定爲謝林後期哲學的開端，因爲在這一
年裏，他出版了與早期思想有別的《哲學與宗教》一書，但從生
活上說，這一年卻是謝林新生活的眞正開端，因爲只有在這時，
29歲的「靑年」謝林才正式地和那個在耶拿與他鬧得滿城風雨的
浪漫主義「女神」卡洛琳娜結爲夫妻。對於一個不滿30歲的人，
思想就進入了「後期」，這的確是件十分悲哀但又無法避免的事
情。說它「悲哀」，是因爲他在本不該知「天命」的年齡裏過早
地「知天命」：認定在宗教裏才有人類的「自由世界」，在神的
靈光普照下才有眞正的「同一性」世界。早期的理性追求和藝術

審美統統讓位於一位「行動著」的而非觀念的上帝了；說它是不可避免的，是因爲同一哲學體系的完成，把一切有限的對立和差別都融化於絕對理性之中了，這既是謝林所追求的絕對理性的完成，又是絕對理性危機的預兆；既是對長期主宰西方思想的二元論思維的克服，同時又預告了神性超驗世界與人類現實世界新的二元論的誕生。二元論像個永遠擺脫不掉的幽靈，使得西方哲人爲之費盡心機。

實際上，向宗教神學領域的過渡，在謝林《藝術哲學》對神話世界的建構中就已經開始了。但在這時，他把諸神當作哲學中的理念並使之在藝術的感性顯現中融化於現實，因此並未導致二元論。但是在《哲學與宗教》中，謝林不再把「絕對」當作通過理智直觀來理解的物自體宇宙，甚至也不當作藝術化了的哲學理念，而僅僅是人們直接通過信仰去把握的上帝了。這個上帝是單純直觀的，有人格的，能行動的，是整個世界被還原了的統一的根源。這正如他的一個學生在《向非哲學過渡中的哲學》❷ 一書中所寫的那樣：絕對認識在思辨中與被認識的東西成爲同一的，因而達到了思辨的頂點之外的，就不再是認識，而是祈求和禱告，是以信仰（而決非用觀念或概念）去領悟的神性。所以《哲學與宗教》是謝林確立向宗教神學轉向的明確宣言，是新的二元世界的重新誕生。

然而，把上帝這個原先作爲物自體的宇宙本身的絕對去理解的對象，當作非認識的信仰的對象，這並不就意味著謝林已經完

---

❷ 謝林《哲學與宗教》一書寫作的外在原因就是爲駁斥這位學生在這部著作中對他思想的「誤解」，但謝林後期的許多思想與這位學生對他的闡釋是接近的。

全放棄了對它的認識，勿寧說，在這裏，他作爲一個哲學家仍然
沒有失去其理性的傲慢，他對神的沉思，這時的目的還只是爲了
把這種通常不可把握的、不可理解的對象變成可把握、可理解
的，把外於理性和高於理性的所謂非理性的東西變成理性的內
容。只是，他認爲對神的沉思或靜觀不是理性哲學的思辨方式先
驗地予以完成的，它的目的也不是爲了給科學知識奠基，而是爲
了發掘出人的神性並以此實現人的有限性超越。因此，它要從屬
於所謂的「肯定的哲學」這個依據於經驗的神性自由領域。這
樣一來，對神的思辨就開始失去了其前期思想原有的科學理性精
神，但這仍然不失爲一種思辨，按謝林自己的說法，甚至還是一
種眞正意義上的思辨。「因爲我們在這裏不是在必然的領域，而
是在自由的領域，也即眞正的思辨思維的領域。思辨這個術語完
全是爲肯定的哲學所保留的。」

　　思辨的這種轉變，實質上就是把理性主體轉向了作爲神的浪
漫性客體。所謂神（上帝）的浪漫性是指它的萬能的創造性，自
由自主的個性，充滿人間的愛心，以及存在於自身之內的自滿
自足的和諧生活。謝林之所以要用它來淹沒和吞併思辨的理性主
體，乃在於人的現實世界充斥著醜惡、不自由、不和諧。1809
年，謝林的《關於人的自由本質的哲學研究》就是他力圖從神的
浪漫性來解釋現實世界「惡」的起源並尋求擺脫和超越這個醜惡
現實世界的初步嘗試，因而也就是他爲克服神性世界與現實世界
新的二元論的一種新的努力。

　　在這一探求之中，謝林重又被巴門尼德式的「形而上學」的
詭異所震驚：「爲什麼存在著某物而不是一片虛無呢？」「爲什麼
存在著理性而不是非理性呢？」這是一種對可能的非存在、非理

性的驚駭，這是終極的本體論問題。它暗示了一切哲學思辨在其最根本的基礎問題上的無能爲力。美國當代神學家保羅·蒂利希（1886～1965）說：

> 儘管它基本上是一種生存狀態的表達，而不是一個規範地表述出來的問題。當這種狀態被體驗到而這個問題被提出之時，一切事物都消失在可能的非存在的深淵裏了。❸

謝林正是在這種形而上學的驚駭之下，奮起反抗從前他自己以及以黑格爾爲頂峰的一切理性主義的思辨哲學，轉向了對「存在本身」這一不可追溯的終極本體的神性描述，並最終試圖通過對神性存在及其啟示的證明和領悟，達成上帝與人的完全和解，使世界重新沐浴在浪漫神性的一元性光輝之下。換言之，正是對思辨哲學的根本困境的領悟，對克服它所帶來的二元論而重新建立一元論的哲學體系的要求，促使謝林打破了自己好不容易建立起來的同一哲學的思辨框架，而向更高層次的浪漫體驗伸手求援。這就是他的「肯定哲學」或「啟示哲學」的主題。

一、對理性哲學的批判和「肯定哲學」中的非理性

謝林的同一哲學和黑格爾的絕對理性主義一樣，都把理性擡到至高無上的地位。對前者而言，理性是一切對立、矛盾的融化和同一，理性不只是宇宙的原因，而是等同於宇宙本身，彷彿世間的一切都在理性之光的照耀下與理性本身融爲一體。在這個理性王國裏，一切非理性的、醜惡的東西都失去了其存在的虛空。而對黑格爾來說，儘管他要把整個世界建構成絕對理性的王國這

---

❸ 《20世紀西方宗教哲學文選》，卷上，頁818，1991年上海三聯版。

一理想及其方法大大超過了謝林，但他所理解的理性與謝林已大相逕庭。 他把理性的辯證法與世界的本體論結合起來， 使得自然、社會和歷史中的一切都作爲理性的「世界精神」而有著自己的辯證運動。因而理性不再是一個絕對同一的東西，而是一個絕對自相矛盾、自我否定的東西，它不需要另外引入別的、非理性的原則來解釋世界上的惡。不過，儘管黑格爾的理性在解決世界的二元性（善與惡、理性與非理性）方面比謝林高明，但當他滿懷信心地宣稱：「凡是現實的都是合乎理性的」時，是否仍然過於樂觀了呢？

現實總是與哲學家思辨的構想格格不入：摧毀人類生存「家園」的對自然的掠奪和破壞，隨著人類理性能力的增強而日益加劇；社會的流血動盪時有發生，而歷史卻絲毫沒有與理性同步運動上升的迹象；自由、平等、博愛這些人類理性的理想仍然像掛在天邊的禁果；日常生活中不僅存在著壓迫和剝削，而且流言蜚語、相互攻擊和損人利己的種種惡行時刻與人相隨。對於具有詩人般敏銳感覺的謝林來說，他早在人們還夢想著以理性的革命手段（1848年歐州革命）來解決現實的危機之前，當然更是在人們對理性感到普遍失望之前，就爲非理性的現實存在所震驚，因而深切地領悟到了絕對理性本身必將陷入深刻的危機。他認爲，該是對理性進行徹底反省與批判的時候了。

在《啟示哲學》中，謝林就一再地提出這樣的問題：「爲什麼一般地存在著理性而非理性（Unvernunft）則不存在？」這一提問，不僅引出了非理性的存在性問題，而且也使得理性的存在成爲可疑的了， 或者說， 使理性的統治地位（ Vormachtstellung）成爲問題了。而在《啟示哲學導論》中， 謝林解釋說，

是由於人的不可理解性使他產生這樣的問題。他說：「正是他，人，使我不得不意識到最終十分絕望的問題：爲什麼一般地存在著某物（etwas），爲什麼虛無（nichts）則不存在？」（這實際上就是古希臘哲學家巴門尼德（Parmenides，約公元前六世紀末到前五世紀）爲之殫思竭慮的問題：爲什麼存在者存在而非存在者則不存在？）接著謝林又說：「顯然要有一門回答這一問題的科學，使我們能擺脫那種絕望。這無可爭辯地是一迫切的，甚至是一必然的要求，但不是這個或那個個體的要求，而是人類本性本身的要求。」❹他把對存在的理性問題給予完全充分和明確的回答，當作是他現在哲學的最高使命了。當代德國哲學家瓦爾特·舒爾茲（Walter Schulz）對此評論道：「他（指謝林——引者）從這種確信出發：只要我從事哲學，那我就必須傳達出一種絕對有效的見識；如果我做不到這一點，那我就不是哲學家。」❺可見，謝林把完成這一任務看作是對於他作爲一個哲學家生死攸關的問題。

謝林認爲，從前的一切理性哲學都在企圖回答一問題，但其結果表明它們完不成這一任務，而其全部的可能性都已經耗盡了。巴門尼德首先提出並企圖解決這一問題，他是通過把存在解釋爲圓球式的大全「一」，從而取消掉非存在的存在，但卻以犧牲運動與生命爲代價，這就無法將現實的生動活躍的大千世界眞正概括在存在的大全或「一」之中。在巴門尼德之後，不斷引誘著人們思考的恰恰總是那個作爲圓滿存在之球面的界限之外的東西是何以可能的問題。德謨克利特（Demokritos，約公元前 460

---

❹　《謝林全集》，卷 3，頁 7，1856～1861 年，德文版。轉引自《謝林：對於一門自然哲學和歷史哲學的意義》，頁21。
❺　同上書，頁22。

～公元前370）就是這樣，他重新把「非存在」建立起來並把它等同於「虛空」，爲的是使運動成爲可思議的東西。但這並沒有眞正解決問題，因爲當非存在只是外在於存在的另一種存在時，運動也就只能是來自存在之外，是一個原子碰撞另一個原子的機械運動，那「最初」的原始運動從何而來仍然是個問題。這個問題不解決，整個世界的運動終歸是雜亂無序的、偶然的和非理性的。人類理性的自然要求總是不允許人們把虛空或非存在作爲不可理解的非理性的東西排斥於理性的大全之外，總是要用理性來概括和整理那看來似乎毫無秩序、變動不居的經驗世界。理性主義解決這個問題的方式總是以一個絕對必然的理性存在作爲「原理」或「實體」，並從中推導出一切存在來，因此而把世界萬事萬物建構成一個合乎理性的等級秩序。謝林認爲，理性主義的長處就在於這種抽象的邏輯性，推論的嚴密性。但是，它現在卻再也不能用其全部的論證，證明和推理來吸引人了，因爲它證明不了任何經驗的具體事物的存在。原因在於，理性主義是從思維推導出存在，但這種推導或證明往往都是把邏輯的必然性與必然的實在（經驗的存在）混淆起來，等同起來。謝林認爲，邏輯思維證明過程出現的結果只能是世界存在的觀念，而不是世界存在本身。所以，理性只能告訴我們，事物是什麼（was），而經驗才告訴我們，事物是那個（DaB）。理性把事物所是的「什麼」從具體的「那個」中抽象出來，概括在「概念」中，所以理性揭示的永遠是事物的概念或觀念而證明不了事物的實存。這就表明理性哲學解釋不了現實。這是以往理性主義哲學危機的明確表現。

理性主義哲學的危機還表現爲理性神學的困境。理性主義哲學要從第一原理出發推導出存在來，這就要求第一原理本身是一

必然的存在，而這一必然的存在只能包括在上帝的本性中或觀念中。所以理性哲學總是求助於上帝，「上帝存在」成爲一切理性存在秩序的必然來源和保證。笛卡爾和其他的理性主義者幾乎都是這麼做的。理性神學總是作爲擺脫理性哲學困境的工具而出現的，實際上這就足以表現出理性主義的危機，因爲這與近代理性哲學本質上所具有的反神學的本性相矛盾。但對謝林來說，理性哲學的危機還不在於他們要擡出上帝來解決存在的理性或理性的存在問題，而在於這個上帝還不是眞實的或現實的上帝。理性神學的上帝是從理性思辨的需要中先驗地，按照形式邏輯的方式推導出來的。謝林說：純粹理性科學「這個巨大的、最終的和眞正的危機在於，上帝，這個最後的支撐，是從理念推導出來的，理性科學本身因此而被拋棄了」。謝林還想進一步通過否定理性神學的存在來否定理性哲學。因爲既然理性哲學都試圖以理性神學爲工具來解決理性存在問題，那麼，如果能够證明根本不存在著理性的神學，就是說，理性哲學的這個工具不僅是不起作用，而且本身就是完全莫須有的東西，理性的危機因此也就會更加昭然若揭了。謝林正是這麼做的。他說：

> 沒有一位行動的（aktiv）上帝〔不只是沉思默禱（Kon-templation）的對象〕就不可能存在著宗教——因爲宗教是以人對神的現實的、實在的關係爲前提的。❻

謝林的意思就是說，宗教的上帝或神必須是有人格的、能行動的，因而是每個人能現實感受到的。而理性宗教的所謂上帝都只

---

❻　〈神話哲學〉，《謝林著作選集》，卷3，頁724～725。

是一個無人格的邏輯設定或理性的理念，「因此，在理性科學的限度內沒有宗教，一般說來也不存在理性宗教。在否定的哲學（指理性哲學——引者注）的終點，我只有一種可能的而非現實的宗教，也即在理性限度內的宗教。人們在理性哲學的終點看到理性宗教，在這裏只是一種錯覺（Taueschung）。理性不導向宗教，這也是康德的理論結論，即沒有理性宗教。顯然，人們從上帝那裏得不到任何知識，這是眞正的、任何一種自我理解著的理性主義的結論」。在這段話中，謝林一方面似乎只是在理論理性內談理性宗教不能存在，因爲他指出理性「從上帝那裏得不到任何知識」，他也指出這是康德的「理論結論」。如果謝林明確承認他只是在理論理性限度內，當然我們可以認爲他對康德的理解是正確的，康德只是在理論理性內否定人們憑理性（即知性）能對上帝有知識，認爲上帝作爲理性理念不能成爲知識的對象，從而把知識和信仰區分開。但是，謝林另一方面又搬出了康德的《理性限度內的宗教》，這就事實上超出了理論理性。如果在理論理性之外去理解謝林的上述之言，我們不能認爲他對康德的理解是正確的，因爲康德在實踐理性的信仰領域從不反對宗教。他甚至認爲，信仰是完全出自理性或內在於理性的，所以上帝也是內在於人的理性的一種自然要求，因此康德不僅在實踐理性中，就理性追求「至善」說，導出了對上帝存在的信仰，而且後來還論證了一種《理性限度內的宗教》。但是，重要的並不是謝林對康德理解得是否正確，而是他企圖通過指出理性與宗教的對立來證明理性神學的虛假性，並以此來揭露理性哲學的危機，這的確抓住了理性哲學的通病，有著重要的意義。但是，這種積極的意義是極爲有限的，因爲謝林否認理性宗教的目的並非爲了頌揚理

性，徹底拋棄宗教，恰恰相反，而是爲了使理性爲信仰服務，論證基督教啟示宗教的必要性和合理性。

謝林對理性哲學批判的最後一步就是要摧毀掉這種哲學的最後基礎——理性本身。他認爲，作爲哲學基礎的東西，不只是一般的第一性（Prius）的東西，而是絕對第一性的東西，這種絕對第一性的東西是一不可追溯的終極存在。顯然，理性並不能算作是絕對第一性的不可追溯的終極性的東西。謝林認爲，理性存在的根據並不在它自身之中，而在另一個別的東西中，這就是一種完善的精神。這就是說，並不是先有理性，然後才有完善的精神，相反，只因爲有完善的精神存在，才有所謂的理性。完善的精神所以是絕對第一性的，是因爲它是無根據的、無原因的，只因爲它存在著。理性主義卻認識不到這一點，「因此，對於一切哲學的理性主義，也就是把理性提升爲原理的體系來說，就摧毀了這個基礎」。理性哲學摧毀的是完善的精神這一基礎，也即是摧毀以上帝作爲哲學基礎的宗教神學，因爲謝林這裏所謂的完善的精神，明顯地只是上帝的別名。而謝林以完善的精神作爲哲學的基礎摧毀的則是理性本身。恩格斯正確地指出，在謝林這裏，邁出了決定的一步：公開聲明同純理性一刀兩斷。謝林是自從有經院哲學家以來第一個敢於邁出這一步的經院哲學家。

然而，謝林批判理性並不是要完全取消理性，他清楚地知道，把理性釘在十字架上處以死刑要比處死一個人的肉體困難得多，這也根本不是他的本意。他作爲一個哲學家，沒有完全放棄他過去的虛幻的智慧；他仍然不能克服他自己的理性的高傲，不能完全和理論思維分家。他極力避免的是理性主義的極端，因爲他認爲「理性決不是唯一的認識源泉」。他對以黑格爾爲代表的

理性主義哲學（包括他自己的同一哲學）的批判，也決不是要全盤地拋棄之，而只是把它們歸於一種「否定的哲學」。他說：「否定的（哲學）是那樣的（哲學），因為它只同可能性（什麼）打交道，它所要認識的一切，都獨立於一切實存而存在於純粹思想之中。」還說：「因為它只能够製造原理（並就此達到了終點）而不同時去實現它，所以它也只能被稱之為否定的哲學。」否定的哲學企圖在純思維中，從純邏輯中引伸出自然界和神本身，它所談的只是事物是什麼和它們的本質是什麼的問題。恩格斯解釋說：「按照謝林的觀點，由此必須得出這樣的結論：在純思維中，理性研究的對象不是真實存在的事物，而是可能的事物，不是事物的存在，而是事物的本質，與此相應，只有上帝的本質而不是上帝的實存才能作為它的研究對象，因此，謝林就按照經院哲學的原則，把事物的本質與存在，可能與現實作了明確的區分。」否定的哲學由於它只製造原理而沒有在現實存在中實現其原理，由於它只局限於邏輯的可能，事物的本質而沒有證明事物的現實和實在的存在，所以是一門未完成的、尚待重新建構的哲學，而由於從前按理性原則去建構它的各種可能性又都耗盡了，因此唯一地只有服從於謝林現在所要建立的、與否定哲學相反的所謂「肯定的哲學」，否定的哲學才能成為一門學科，否則它就徹底消亡了。肯定哲學採取了和否定哲學完全相反的方向：它不是先驗地從思想引出存在，而是根據經驗從存在到思維。謝林斷言，思維無論如何不會先於存在，相反，存在先於思維。所以肯定的哲學必須返回於本源的、終極的存在本身並以此為出發點。他說：「肯定的（哲學）相反是這樣的；因為它從實存出發，而從實存出發，也就是從在前一科學中作為必然的存在在概念中所找到的那

個起初的行動——存在(Aktus-Sein)出發。」與否定的哲學在理性
限度內建立理性宗教相適應，肯定的哲學也要爲現實的上帝找一
個範圍，以區別於純粹理性的範圍。只有從現實的上帝這裏，事
物才能擁有實存的前提，包括非存在（虛無）的存在前提。實存
的事物只有在此之後，根據經驗才會顯示出自己是可能的或者是
合乎理性的，而且它們的結果顯示出是可以被經驗獲得的，即現
實的。顯然，謝林作爲積極哲學出發點的「存在」決不是唯物主
義所理解的客觀實在或物質性存在，也不是主觀唯心論的「我思
故我在」。這個存在之所以作爲哲學的絕對第一性的出發點，當
然必須是一必然的存在，但它又不能像否定的哲學那樣僅以其爲
一純邏輯的理念來保證其必然性，而必須是可被經驗的，即必須
有一實在的存在者（Seiende）作爲存在的承擔者，否則就是空
洞的東西。但謝林認爲，能滿足這兩個條件的「存在」只能是上
帝，因爲純邏輯的存在缺乏實在性，而一般經驗的事物又沒有必
然性。可見，謝林的這個上帝不是理性神學先驗地從理念或自我
中推導而來的上帝，而是行動著的，向人的經驗啟示自身的人格
上帝。謝林正是從能在（Seinkönnend）、應在（Seinsollend）
和必在（Seinmüssend）這三個存在的原始性能或活動過渡到上
帝的概念或性質，從而表明上帝是創造性的行動的現實存在，「
上帝不再是一個僵死的神，而是一個有生命活力的神」。這樣，
肯定的哲學所建立的宗教就完全成爲這個有人格的上帝的宗教，
或眞正的一神教了，一切現實的經驗事物都是這個人格神的啟
示，因此，肯定的哲學也就成了基督教的啟示哲學，完全轉向了
理性哲學的對立面。不是理性而是上帝的存在和啟示成了哲學思
辨的對象。

以上帝爲客體的這種肯定哲學，當然是一種非理性的浪漫哲學，因爲神已喪失了理性哲學中的理性含義，是思想不能認識的，以其絕對的自由意志爲主宰的精神存在。啟示雖然「被規定爲一種眞正的和特殊的認識源泉」，但又「特別地被看作是某種在意識之外的行動並以一種關係爲前提：自由的原因，上帝，不是必然地，而是完全任意地 (freiwillig) 賦予或被賦予給人的意識」。所以啟示哲學或肯定的哲學作爲上帝自由的、任意的行動的啟示，就超越了必然的理性認識的領域，它探討的只是這樣一種世界存在的可能性：它不把現實中發生的一切，都理解爲邏輯上必然的可能性，它不關注世界是否存在，而只知道，如果世界存在，世界就應當具備這樣的或那樣的屬性。由此可見，正如恩格斯所說：「我們在這裏涉及的是以可能性爲基礎的哲學，」❼謝林自己也說：「思辨就是搜尋 (umsehen) 可能性。」既然上帝是自由的（即任意的）行動者和創造者，上帝的啟示就是世界實存的「理性」證明了。

這樣，謝林就把浪漫化的上帝作爲對象、客體，並以這種啟示的非理性的浪漫哲學取代了自近代以來，特別是在德國古典哲學中的以人及其理性爲思辨主體的理性主義哲學。於是，即使是研究人的自由這一理性哲學的主題，在這裏也被放在神性中加以闡釋，而在神性對人性的這種吞併中，謝林的「肯定哲學」首先應體現爲他對「自由哲學」的研究❽。在這一部分中，謝林在以

---

❼ 《馬克思恩格斯全集》，卷41，頁226。

❽ 從時間的順序講，謝林關於人的自由的哲學研究是在他明確區分「否定哲學」和「肯定哲學」之前，也即在啟示哲學之前，但從其邏輯聯繫來看，自由哲學便必須理解爲「肯定哲學」的首要的重要組成部分。

上帝爲其哲學中的浪漫客體的前提下，回過頭來將理性的思辨主體也轉化成了非理性的浪漫主體了。

二、自由與「惡」的起源及其超脫

自由問題一直是謝林關注的中心。在歷史哲學中，他試圖依靠歷史的進步，即在人類普遍的法治狀態的保證下來實現人的自由，這可以說是他自由觀中的理性主義。另一方面，他也總是企圖在藝術、神話和浪漫詩中去獲取人的內心的自由解脫，這可以說是他自由觀中的浪漫主義。但在後期哲學中，他卻是在一種完全不同的理論背景中把自由問題給突出出來的，這種理論背景就是他後期的宗教情緒，也即他在《哲學與宗教》中所確立的神性超驗世界與人生現實世界的二元論。

謝林早期的辯證法思想把自然、社會和歷史看作是絕對自身的現實化過程，有限事物不僅從未與絕對分離，而且是絕對自身所顯現的不同級次。在這些級次之間，並沒有什麼質的區別，而只有量上的不同。他接受並發揮了萊布尼茨關於「自然界無飛躍」的觀點，使絕對和有限世界保持著緊密的聯繫而不至於隔離。而隨著絕對同一性的完成，絕對成爲包羅萬象的同一體，表面上，一切有限的對立、矛盾都被消融到絕對理性之中了。正如費爾巴哈所指出的那樣：「可是這樣也就變成了超越的、迷信的、絕對無批判的哲學了。全部批判的根本條件，亦即主觀與客觀的差別，已經消失不見了」。❾ 事實上，理性的這種絕對同一體也只能是一種形式的、思辨的同一，因爲宇宙之所以能夠包羅

---

❾　《費爾巴哈哲學著作選集》，卷上，頁75，商務印書館，1984 年版。

萬象，就因爲「萬象」是既有差別又有統一，既有限又無限，既對立又同一的矛盾體，失去了矛盾，就失去了存在及其統一的條件。所以，當謝林領悟到人的現實處境中還確實存在著「惡」，存在著「非理性」時，他就不能不感到震驚了。而如果謝林仍然還要堅持存在著這種無差別、無對立和矛盾，也即無「惡」的絕對同一體的話，那麼這個絕對顯然就不是在人的現實世界中所存在的，而只能被理解爲在神性世界中才存在的。因爲只有神才有這種化腐朽爲神奇的力量，只有在神的無限的創造力中，才能把一切可能都變成現實，一切有限化爲無限。也正是在這種意義上，謝林說「絕對必須等同於神的本質本身」。因此，如果說還能堅持認爲有一個同一的世界以及這個世界的各個階段的普遍聯繫，那就不能從知識的角度，甚至不能在理智直觀的意義上去把握這個世界的整體，而只能把它作爲上帝的絕對王國來信仰。因爲整個絕對世界以及本質的一切階段的劃分，都還原到上帝的絕對同一。根據這一點，在這種統一中，就沒有什麼眞實的特殊事物。唯有上帝是眞實的存在，這成爲從同一哲學頂點所引伸出來的必然結論。但是，無論如何，人及其生活的有限現實世界，儘管你可以認爲它「不眞實」，但畢竟存在著，而且存在著「惡」，這是謝林從經驗上不能否認的，這樣就不得不出現這個問題：人及其生活的現實世界與上帝的絕對世界處於一種什麼關係中呢？

　　這種關係只能從兩上方面來設想，其一是像從前那樣，設想現實世界是絕對的現實化的顯現，而現在謝林卻斷然否定這一辯證發展的藍圖，那麼，他只能採取另一種把兩個世界隔絕的方式。他說，一句話，從絕對到現實並沒有逐漸的過渡，感性世界的根源只有與絕對性完全斷絕，通過一種飛躍才能設想。如果感

性世界眞的與神性世界完全成爲二元對立的互不相干的世界，就既談不上二者的關係也談不上神的絕對性了。謝林的意圖也決不是要達到這一點，而仍然要通過飛躍來設想感性世界在上帝之中的根源。

這種「飛躍」，按謝林的論述，分析起來應包括兩種：沉淪和啟示。人從上帝那裏的「沉淪」（Abfall），就像海德格爾的用意一樣，不是指一種道德意義上的墮落，而只是指一種非眞實的存在狀態。在謝林這裏，眞實的唯有上帝、神性、天國，那麼，這種非眞實的「沉淪」狀態無非是「我性」（Ichheit）。而「沉淪的原因」，按謝林的解釋「現在不在絕對中，它唯獨存在於現實中」，就人而言，這就是說，他的沉淪是由於執著於個人的自我，是由自我本身的行動造成的。自我自絕於上帝，自絕於神性，甚至擺脫了必然性，就處於這種沉淪的狀態。因此，也可以說，沉淪是人的自由的表現。謝林後期哲學正是在這種神學背景中討論自由的。

我們看到，謝林把沉淪看作是人在自我的支配下自願地離開上帝，這樣就把神性世界與感性世界二元分裂的原因歸結於人的自由。但《哲學與宗教》也同時指出，「宇宙和歷史的巨大意圖無非是作爲完善的和解並重新融化於絕對性之中」，而要達到這一點，必須通過另一種「飛躍」，即上帝的啟示，使人從這種非眞實的沉淪狀態中擺脫出來，重新返回於神性眞實世界。因此，謝林仍然指望在神性一元論光輝之下解釋現實世界和人的自由。

在《關於人的自由本質的哲學研究》這部著作中，謝林就已力圖按照這一方向建構出神性一元論的世界了。這部著作標誌著他從理性主義的泛神論和古代神話的多神論思想向基督教一神論

的徹底轉變。從外在原因看，這部著作是針對弗‧施勒格爾在《印度人的語言和智慧》一書中批判泛神論而作的論辯。因為謝林認為，施勒格爾對泛神論的批評是針對他的，所以他認為有必要對所謂的泛神論與自由學說勢不兩立的看法予以糾正。謝林提出了相反的命題，在體系之外不可能規定任何概念，包括自由。個人自由與世界整體是聯繫的，謝林首先以一般的觀念來分析泛神論，他說：「理性的唯一可能的體系是泛神論，但它不可避免的是宿命論。」因為泛神論無非就是關於事物就其內在性而言，存在於神之中的學說，這是唯一的一種把神性與具體事物又緊密聯繫在一起的徹底的一元論，因此，任何一種徹底的解釋世界整體的理性主義觀點，都不得不從這個學說中引伸出來，儘管它可能不用「泛神論」這個名稱來標誌。但是，泛神論不可避免的又是宿命論的，因為它把世上一切生靈的存在及其命運都依附於上帝。但就人的最有活力的自由感受而言，大多數人，只要是誠實的話，就得承認個體的自由與那種作為最高本質的上帝的特性，如萬能（All-macht），是相矛盾的。有沒有一個辦法，既可利用泛神論的徹底性解釋自由意志，又可避免宿命論，這就是說既要承認「人不在上帝之外，而在上帝之內，並且他的活動性從屬於上帝的生命」，同時又要承認人通過自由將擁有一種獨於上帝的無條件力量，而這兩者又不矛盾呢？

如果說，自由意志只是作好事或為善的能力，那麼同時承認這兩方面是一點也不矛盾的，因為按一般的說法，上帝是全善的，而人之為善，儘管是其個人自由意志選擇的行為，但其最終的根源是在上帝之內。但若解釋人作惡，這就不那麼容易了，因為我們可以說，作惡是人的自由意志的選擇，這是不成問題的，

但我們能够同時說，人作惡的最終根源也在上帝之內嗎？簡單地承認這一點，豈不是說上帝是容忍人作惡的！謝林的主要任務，現在就是來解決這一難題。

在《先驗唯心論體系》中，謝林就認為，人的自由意志具有任意性，但在那裏，這種任意性處在與理性的思辨關係中，最終被歸結爲歷史的必然性了。而現在他也是在任意的意義上，把自由界定爲既可爲善亦可以爲惡的能力，是一種意志的自我決定。但這時，與自由意志相關的已不是思辨理性，而是非理性的上帝的絕對意志了。謝林認為，如果說意志完全取決於至善的上帝，那人就不是自由的，而是被決定的。既然自由是意志的自我決定，作惡的能力當然也就是人的自由意志的一種表現了。但關鍵在於，上帝是不會作惡的，那麼人的自由就應該有一個獨立於上帝的根基，但上帝是大全、萬有，在此之外什麼都不存在，那麼這「外於」上帝的根基又是如何可能的呢？爲了解決這個矛盾，謝林又不得不求助於二元論，不過這不是一般的二元論，而是把上帝的存在和其存在的根基區別開來的二元論，謝林自稱是「唯一合理的二元論」。謝林說：「爲了要同上帝區別開來，它們必須在一個與上帝不同的根基中形成。但是，在上帝之外又什麼都不能存在，那麼這個矛盾只有這樣來消除：事物有其自己的根基，這個根基在上帝本身中卻不是他自己，也就是說，這個根基在上帝實存的根基中。」

這段話對理解謝林所謂的「唯一合理的」二元論是最爲關鍵的，但同時又是極其晦澀難懂的。他的目的是爲人類中存在的「惡」尋找外於上帝、獨立於上帝的根基，但結論又說，事物的根基在上帝本身中卻不是他自己，這如何理解呢？它消除了謝林

所要克服的矛盾嗎？理解這個問題的關鍵，按照謝林的思路，就是要把上帝本身和上帝實存的根基區別開來，事物的根基在上帝實存的根基中，但不是上帝本身。在這裏，上帝本身指的是上帝的本質，如善和愛，而那個包含在上帝中又與上帝不同的上帝實存的根基，「就是上帝中的自然（Natur），一個與他雖然不可分離，然而卻相異的本質」。聯繫到惡，謝林的意思就是說，上帝本身不是惡的根源，因此，惡有獨立於或外於上帝的根源，但在上帝之外又無物存在，所以惡在上帝存在的根基中，即上帝的自然性中有其根源。這樣一來，謝林就既使上帝成為整個世界的一元論基礎，一切莫不源自上帝，又為人產生惡留下了自由的空間。由此，他按照以前通常使用的理想與現實的兩套原則，區分了上帝中的兩種不同的原則。一個是光明的原則，一個是黑暗的原則。自然性是在上帝之內但又不是上帝本身的那種黑暗的、無理性的原則，是上帝中實在的方面，除此之外，在上帝中還存在著理想的、觀念的方面，它是上帝之內光明（Licht）、理智以及充滿一切的愛的原則。

　　謝林之所以認為區分這兩個原則或方面，就消除了那種認惡的根源，既獨立於、外在於上帝，而又只能在上帝之中的矛盾，是因為照謝林看來，光明原則和黑暗原則並不直接表現為善與惡的對立，善不是純粹的光明，惡也不是純粹的黑暗，因此，上帝並不是包容善與惡的同一體。同樣，人之作惡並不是說人有自然性、有動物性（Animalität），人能為善也不是因為人有精神、有理想、有理性。只是在人類中，黑暗的力量與光明的力量都達到了高度的發展：在人中存在著黑暗原則的整個力量，同樣地，也存在著光明的整個力量。在他們之中有著最深的深淵（Abgr-

und）和最高的天空，或者說是兩者的中心（zentra）。惡在上帝的自然性中有其根源，但自然的東西本身卻不是惡，所以上帝無須爲人類中的惡承擔責任。既然惡來源於上帝的自然性，那麼它就不是人的一種偶然性的缺乏和過錯，而是一種帶有必然性的積極力量。因爲在一切可見的生物中，只有人這種最完善的造物（Kreatur）才有作惡的能力，它是人的自由意志的表現，是人在上帝之外的一種選擇的能力。

既然惡是積極的、必然的，因而也就是不可消除的，不要指望在人間能够通過鬥爭以善除惡。但既然人的自由問題正表現爲既可爲善亦可爲惡的選擇能力，那麼人的生命則又必然地陷入善與惡的內在矛盾和鬥爭之中。人和上帝的區別在這裏便表現出來了。在上帝，他能用愛的力量使光明和黑暗兩種對立原則得到調和和統一，而人則無此力量，他只能選擇其一而從之，若也想使之統一起來，則只能得到一種「虛假的統一」（die falsche Einheit），這才是眞正的惡。謝林說：「這種統一，在上帝內是不可分離的，而在人中則必定是分離的。」爲什麼呢？這是因爲「完全自由的和有意識的意志是愛的意志」，而「上帝，在本質上就是愛和善」。而人之作爲自由的行動者，則只因爲人有精神、有理智或靈性（intelligible character）。但精神的力量不如愛的力量偉大，「因爲精神還不是最高的，它只是精神，或者說是愛的呵氣（Hauch）。但愛是最高的東西，一句話，愛是一切中的一切」。上帝擁有愛，而人則只有智性的精神，這既是人與神的差別，也是惡的可能性條件。因爲人的智性的選擇能力（自由）既不受外界自然因果的決定，也不是出於普遍的本質或神，而只取決於人的原始意志（Urwille）。「因此，智性的生靈能

夠在多大程度上完全自由地和絕對地行動，也就在多大程度上只是根據其內在的本性（Natur）來行動，或者說，這種出於他的內在性（Innern）的行動只能是依據同一律的規律以絕對必然性作出的，而這種絕對必然性也就唯一地是絕對的自由」。自由意志的自律在《先驗唯心論體系》中被視爲道德律或善的根據，在這裏卻被當作了惡的來源。當然，這兩種看法不是在同一個層次上，因爲在謝林看來，道德領域的善恰好是出自宗教領域的惡（原罪），但這也說明謝林的立場比他的「同一哲學」已有了根本的改變。他認爲，正因爲人能夠完全按照自己內在的本性，按照原始意志去行動，惡才有了獨立於上帝的根基。

惡的根基及其可能性，就其完全出於人的原始意志，而不在上帝之中而言，是二元論的，謝林以此超越了泛神論，但就其來源於上帝的自然性而言，這種解釋又是一元論的，它仍然借助於泛神論的徹底性，使世上的萬事萬物沉浸於上帝的總的根源之中。說它是一元論的，是因爲這個神是唯一的、是善、是愛，但它又不是泛神論的，因爲它是行動著的人格，而非永恒不動的實體。這不同於一般宗教或哲學關於上帝的解說，因爲謝林在上帝存在和其存在的根基之間作了精微的二元區分，並使得黑暗的現實原則和光明的理想原則都內在於上帝之中。這種區分的結果不僅合邏輯地解釋了惡的起源及其本質，而且在自由和必然的關係上，提出了辯證的結論。在謝林看來，人之爲惡或爲善，無論是出於被決定或強迫還是出於人的偶然意志或過失，都將不會有懲罰或道德責任問題，因爲在這些情況下人沒有選擇的自由，例如，偶然性的選擇實際上也並不表明存在著自由，而只是表明存在著尚屬隱蔽而沒有被認識到的外部決定性。

　　但是，以智性作爲人的內在精神，以人的原始意志作爲選擇的內在依據，這就把善與惡的可能性歸諸於既必然又自由的人的本已的行動了，這使得「必然和自由相互內在包容，作爲同一個本質」而呈現出來，在自由中有必然的基礎，在必然中有選擇的自由。人也不再成爲思辨哲學家抽象出來的邏輯自我，而是有著創造精神的活生生的行動主體，即浪漫的主體。「人的本質實質上就是他自由的行動」，這話聽起來多麼像是存在主義的聲音，無怪乎海德格爾對謝林這部關於自由的著作推崇備至，說它是「謝林的最大成就，同時也是德國哲學的，因而也是西方哲學的最深刻和著作之一。」❿

　　至此，我們只是研究了謝林關於惡的本質和起源 的 有 關 觀點，對於我們來說，還有一個重要的問題就是關於惡的解脫問題（或「原罪」的拯救問題），只有從這兩個方面，我們才能看清，謝林是如何使神的浪漫性淹沒思辨主體，從而克服神性世界與現實世界的二元論的。

　　前面說過，謝林認爲惡是不可消除的，它的存在有其必然性，並且是一種積極的力量，但這只能說明惡是一種合理的存在。相反，謝林說，「但惡不是本質，而是非本質(Unwesen)。它只是在對立中才有一種實在性，但不是自在的」。這說明，善與惡不是一種原初就有的對立，它們僅在一種關係中表現出來，因此，現實中惡不可消除並不可怕，因爲在一種辯證的關係中，善與惡可以相互轉化。所以，惡的解脫問題，實際上就是惡是如何向善轉化的問題。要理解這一點，就得明瞭謝林對惡是如何實

---

❿　海德格爾：《對謝林「關於人的自由本質的哲學研究」的研究》，頁 2，圖賓根 1971 年，德文版。

現的問題的闡述。

　　謝林花了大量的篇幅來說明惡是在何時、何處、何種條件下出現的，他把善和惡的實現都作爲自由的「內容」。理解這個問題的關鍵，就是要弄清如下幾種意志及其關係：原始意志 (Urwille)、私人意志 (Eigenwille)、特殊意志 (Partikularwille) 和普遍意志 (Universalwille)。按照謝林的說法「人的意志可以看作是各種生命力的聯盟」，但由於生命力的表現方式不同，意志就呈現出不同的指向。意志一方面只針對著自我（Ego）、針對著個人的特殊利益，這是來源於人的現實原則，來源於生命力的生存需要；另一方面，人的意志又可作爲來源於理想原則的普遍意志實現自己，它針對的是普遍的福利，是大眾的旨趣，它是生命力的愛的需要和表現。這兩方面，自在地看，並無善惡之分，都是合理的。而當關注自我的特殊意志服務於普遍意志時，自由的內容就是一種「善」的關係。但在人的特殊意志，我性（Selbstheit）統治普遍意志，壓制普遍意志並使公眾福利反過來服從於個人的私人意志時，就出現了「惡」。因此，要使人棄惡從善，從罪惡中解脫出來，關鍵就是要使理想原則統治現實原則，防止私人意志的惡性膨脹，使之限定在一定的界限和規則之內。問題在於，這是如何可能的呢？

　　在《先驗唯心論體系》中，謝林曾沿著康德的足迹，把這種可能性歸結爲自由意志本身的普遍同一性規則，即理性的「自律」原則；然而在這裏，謝林卻認爲，這種可能性只存在於人與上帝的親緣關係之中。人有精神，有靈性，有不斷追求超升的意向。人的「沉淪」雖是人的必然的命運，受難、鬥爭雖然也是生命的內容，但人總是追求走出「被造物的存在」而進入「超被造

物的存在」（aus Kreatuerlich ins überkreatureliche），擺脫沉淪狀態，成爲眞實的自我。這種眞實的自我既是一種自我約束（kontrahierend）的存在，又具有從神那裏衍生而來的自由和愛，因而是一個「被翻轉過來的神」。而上帝也不願看到人永遠沉淪下去，他要以他的啟示，以他全部的善和愛，把人類引向極樂至福的天國。「上帝唯有在人類中才能愛世界」，因爲人是上帝創造的與他自己相類似的「肖像」，上帝啟示的「道」（Wort）在自然物中或其他生物中，都是黑暗的、未說明的，它唯有憑藉人的精神才能表現出來。所以人的本性只有領悟到神的啟示，神的「道」才能使人超脫出惡的本源。總之，遵循上帝的啟示，把自己的私人意志限定在一定的限度內，讓神的愛在人身上顯現出來，這是人超脫惡的現實的關鍵。

　　現在，謝林的一個高明之處，就在於放棄了以前的那種追求「絕對」的做法。對惡的超脫也不是絕對的。因爲惡無論是對於神還是對於人都是必需的。對於神而言，他既不願消滅也不可阻撓惡的原則在他自身中的根基，因爲這是他本性中的自然，消滅了它，就消滅了自己本身存在的條件，而且惡也是他自我啟示所必需的東西；對人而言，消滅了惡，也就不成爲一個眞正出於本性而自由自主地行動的主體，而只能是一個爲上帝的超驗的至善所決定的被動存在物，而且儘管惡不是自在的存在，但消滅了惡也就無所謂善。鑒於這種情況，謝林認爲，上帝也不可能啟示每個人去惡從善，而只能把自身啟示在與他相似的自由地按自己本性而行動的存在者中。這說明，謝林在這篇自由論文中對神性超驗世界與人類現實世界所作的一元論調和，是一次絕望的嘗試，雖然人們不能說他不成功，但他確實只是在容許世界中惡有獨立

作用的情況下而堅持一元論的。由於將思辨的主體轉化爲浪漫的
主體，他就將主體與客體都統一於一個浪漫哲學的體系之中，而
避免了康德的主體和客體、此岸和彼岸、人和上帝的截然對立。
啟示哲學則由此更進一步，試圖從上帝存在的本體論出發，去證
明世界的徹底神性的一元論，去具體解釋浪漫的客體（上帝）和
浪漫的主體（人）之間的聯繫方式和統一方式。

三、啓示哲學中的神性與人性

自文藝復興以來，西方理性主義哲學都是立足於人性而反對
神性，要把人從神的禁錮和壓迫中解放出來，以人的理性之光來
喚醒和確立人的自主意識，因此，人的「主體性」成爲近代哲學
的主題和追求的目標。理性哲學也需要神，也闡釋或論證神的存
在或神性，但這是爲了說明人的理性，甚至把神性等於理性。從
自己的理性中去推導神性是他們普遍的做法。理性神學只是理性
哲學的一種工具。

謝林早期哲學也是如此，在1797年的《自然哲學觀念》中，
他是這樣來規定上帝的：「上帝在理論的意義上是自我＝非我，
在實踐的意義上則是消滅一切非我的絕對自我。」但是在《啟示
哲學》中，謝林就徹底翻轉了這一關係，不僅上帝成爲哲學的主
題，而且哲學也像中世紀那樣，成爲神學的奴僕和工具了。

在啟示哲學的立場上，謝林對理性哲學持一種批判的態度，
這在第一節中我們已有所涉及。不過，這種對立與其說是理性與
神學的對立，不如說是思辨與浪漫的對立。因爲謝林對理性哲學
的上帝的批判，主要是批判理性哲學產生和論證上帝的方式。在
謝林看來，思辨哲學因抽象而產生的上帝，不過是理智對無限的

一種投影和具體化，它除了是個名詞或概念而外，已不再剩下什麼內容了。或者說，這樣的理性上帝只是一個僅供沉思默禱的僵死的對象，而不是被經驗感知的充滿生命活力的眞實的上帝。這樣的上帝是理性的必然產物，因爲它使得上帝的存在和所作所爲都遵循著必然性。這樣一來，在每一偶然的場合，上帝除了最優而外，其他什麼都幹不了。而每個不同的事物並不可能同時皆優，在無限多的可能性中，如萊布尼茨所言，上帝只能追尋達到目標的唯一直接的最佳途徑。於是上帝的神聖性就被他的必然性取代了，他那萬能的自由意志也隨之蕩然無存。

謝林認爲，上帝之爲上帝，他不會是一位耽於沉思的上帝，而是一位行動的上帝。既然「上帝不是一位僵死的上帝，而是活生生的上帝」，那麼，這位上帝是以其自由意志爲主宰的創造性主體，是在其全部創造性行動中，受難的、復活的、充滿愛心且富有傳奇色彩的上帝。也就是說，這個上帝是一位被謝林浪漫化了的基督教的人格上帝。

由於創造性、自由、愛、傳奇等等都是浪漫主義賦予人的種種理想特徵，由此可見，謝林論證神性實質上是在解說他心目中的人性。因爲浪漫主義者追求的人性理想都在基督教的上帝身上得到了體現和展示。謝林認爲，這樣的浪漫化的上帝不是某種先驗地（a priori）被把握到的哲學中的絕對，把它當作超驗的神是「我們時代的極大誤解」，而是此時此地被的把握的東西，也就是說，它是根據經驗（a posteriori）去把握的。這種「經驗」的上帝存在於神話和啟示中。

謝林認爲以神話爲基礎的那些原則，普遍地、從內容上看也就是啟示宗教的原則。神話和啟示宗教中的神都是富有個性的無

限創造性的神，也都是有人格的神，但是，神話和啟示之間有著巨大差別。神話的表象是一必然過程的產物，是一種自然的沉湎於自我意識的運動，而啟示則特別地被看作是在意識外的一種行動，它是以人與神的實在的當下的關係爲出發點的，而且同神話從屬於一個意識的過程相反，啟示則內在於歷史。在過程中是純粹的必然性，而在歷史中則是自由。所以謝林認爲，論證神性的啟示必須從神話過渡到啟示宗教。他說：「在神話的宗教中是盲目的，因爲它是一必然過程中產生的不自由的、非精神的（ung-eistige）宗教。」神話宗教必須通過基督教而成爲自由的宗教。「科學當它從神話過渡到啟示時，因而就過渡到一個完全不同的領域，在那裏，它要同一個必然的過程打交道，而在這裏，它只同一個絕對自由的意志打交道」。

　　謝林後期要建立的肯定的哲學就在於要論證基督教的啟示。他的基本格局是這樣的：按照肯定的哲學的原則，要從純粹的存在發展出上帝的本性或概念，而他思辨方式的特點一直是不從現存的存在，即僵死的存在物出發，而要從存在的活動建構出存在本身，這樣，要使存在活動起來，就不得不從一種先於存在或高於存在的東西出發（Vor oder über dem Sein），但又不是外於存在的東西。這種東西是一種直接的能在，它包含著一切存在的可能性，是一種面向將來的存在，是「一切存在的源泉」。它和「必在」及「應在」一起成爲上帝的三個級次。謝林正是通過對存在的三個原始性能的闡釋，把上帝建構成爲一位依靠自己純粹的自由意志而活動和創造的活生生的上帝。如果世界可能存在的話，這就是上帝把完全內在於自己之中的東西，即他的意志變成在世的實在。這是上帝啟示自己的生命運動。謝林所說的啟示，

在其最高的意義上就是對這種意志的啟示，「啟示不是一種必然的事件，而是最自由的、神性的最富個性的意志的顯示」。

上帝不會在神性自在存在的空虛空間中把自己的自由意志顯示和啟開，他必須在他的創造活動中並通過確實作爲人的伙伴而生活、說話和行動來顯示和啟開自身。只有活生生的上帝才能做到這一點，他這樣做時所享有的絕對自由、萬能的創造力和充滿一切的愛就是他的神性。同時，如果在上帝的神性中不能看出上帝的人性，那麼就是一個虛假上帝的虛假神性。這是謝林所要避免的。他的上帝完全是具有人性的，他自由地肯定人，自由地參與人，自由地支持人，甚至放棄神的形象而變成人，並爲人而受難、歷險和犧牲，這就是上帝的人性。作爲啟示哲學主要部分的基督論正是論述神性與人性的這種關係的。

顯然，這種關係也不是先驗地或思辨地去把握的，而是通過上帝的自由行動來啟示的。謝林說：

> 基督教的主要內容正是基督本身，不是他說了些什麼，相反，他是什麼，只是由於他做了些什麼。基督教不是直接的一個教義（Lehre），而是一種事件，一種客觀性。

神性與人性的關係正是通過耶穌基督的行爲來啟示的。謝林完全相信《聖經》中關於耶穌基督形象的記載：「他本有上帝的形象，不以自己與上帝同等爲強奪的，反倒虛己，取了奴僕的形象，成爲人的樣式；既有人的樣子，就自己卑微，存心順服，以至於死，且死在十字架上。」謝林就正是利用這個記載，把耶穌基督既看作是上帝——「本有上帝的形象」，又看作是眞正的人

格——「成爲人的樣式」，在他身上正好體現了神與人的關係。恩格斯曾這樣解釋道：「謝林堅定不移地相信，基督的確是一個眞正的人，而不像許多異教徒所認爲的那樣，僅僅是個顯象或者是降在一個已經存在的人身上的神靈。」

基督成人或道成肉身，在謝林的啟示哲學中被理解爲從上帝那裏「沉淪」的結果。這種沉淪正如一個純粹事實的創造，設立世界和設立自我，是現實的自由的中心活動。這提供了一個實現上帝的生命歷史現實性的機會，即變成人，這既是與天國上帝的異化，來到人間，又是人成爲有自我人格的過程。耶穌基督的使命就正是成爲神與人的中介者，他既有神性的恩典，又有人的形象。他拒絕作爲超驗的神的存在而成了人，這最出色地證明了自己身上延續的神性，「使神和人就是一個同一的主體」。但是「在神性和人性之間的同一性不是一種實體的而只是一種人格的同一性」，這就是說，通過基督成人，人和上帝從一開始就不是兩個獨立的實體，不是兩個獨立的人格，而只是一個人。神性的東西，它的外於神的存在（auβergöttliches sein）下降爲人的存在，而又表現爲神的存在。當然，無論如何，基督與人還是不同的，區別在於，基督沒有原罪，他只是無自我（Selbstlos），作爲無自我的自我人格，他只能是純粹的中介者。就其爲中介者而言，神性與人性是他的兩個本性。

正如當代德國新教神學家丁·莫爾特曼（Moltmann）所說，「新基督學必須把握的是神性存在進入人性存在的道路，並反過來把握人性存在進入神性存在的道路」。而謝林的基督論所做的工作恰恰就是這個，他從基督的下凡與升天兩個位勢來闡明神性與人性的相互融合，基督的神性自始於他的下降，而他的人性則

自啟於他的上升。謝林稱這一過程為一「較高的歷史」過程，「整個基督教將成為歷史」。之所以是歷史，一方面人表現出他的有限性，他是在生與死之間的肉體的現實生命，另一方面，上帝的愛與善是作為真實的與人同在的事件而啟示的，它必須在現實的人類生存處境中，在人的受難、不幸、痛苦和絕望等種種遭遇中降臨，在人的軟弱無能中更顯示出神性的偉大與寬厚。之所以是「較高」的歷史，是因為這一歷史不再是《先驗唯心論體系》中體現為必然規律的理性的歷史，而是純粹自由的歷史。雖然冥冥之中一直有個神靈在主宰，但神本身並不在場，作為純粹的神，他已消隱而去，只是作為一個真正的人在承受著自由的選擇所帶來的種種災難，並不惜以死，而且死在十字架上去換取精神的永生，達到與上帝的重新和解。在基督復活後，他作為人類的代表坐在了上帝的右邊，這證明人的存在重新被上帝承認了。只有這種歷史，即只有在上帝的靈光之中，人類歷史才能達到自由與必然的最高統一。這就是它成為「較高的」歷史的理由。早在1804年，謝林就說過：「由於上帝雖是必然與自由的絕對和諧，但這種和諧只在歷史整體中，而不是在某個歷史事件中能夠表現出來的，因此，這種歷史也只在整體中，也就是說只在一逐步的自行發展著的上帝啟示中表現出來。」較高的歷史由於具有這種與上帝的直接關係，謝林於是就把歷史稱為一部「史詩」，一部在上帝的精神中的詩篇。啟示哲學的最高點，既是歷史中必然與自由的最高和諧的實現，也是人的第二次完全的造化，達到與上帝完滿和諧。因為「啟示的最終目的是人的再生（Widerbringen），因而最終是人的完全造化，正如在《新約聖經》中所表達的那樣，「是一新的或第二次造化」。「放棄自我，遵循上帝意志，而達到

上帝爲超世界的至善、生活的最高意義與目的的見解」，這就是
謝林啟示哲學所要告訴人們的「眞理」。

　　這裏，需要說明的一點是，儘管謝林在啟示哲學中不遺餘力
地證明三位一體的神性存在，而且也極力證明每一實存在東西的
神性，特別是人性的神化和神性的人化，並以人性超升爲神性、
服從於神性而告終，但他始終與他那個時代的基督教會或天主教
會有些格格不入。因此，他的思想並非代表官方的宗教觀點。古
留加說：「更重要的是，謝林並不是他那個時代教會的辯護者，
而是一個批判者，一個異端者。他要超越他所知道的基督教的形
式。他把天主教（使徒彼得的教會）看作是已過時的階段，把新
教（使徒保羅的教會）看作是過渡的階段。他認爲新的、未來的
基督教是使徒約翰的教會。」但不論如何，謝林的這些浪漫主義
的宗教思想是太不合時宜了，儘管西方人自法國大革命之後一再
地感受到理性的「狡計」，但在1948年歐洲革命前卻仍然寄望於
以理性來拯救越來越荒誕的世界，仍然對社會的合理進步存有一
絲不能證明的希望。而謝林則站出來大喊一聲，理性什麼也證明
不了，進步該中止了！資產階級雄心勃勃的征服世界的野心，如
果不在現實面前碰得頭破血流而徹底絕望，又如何能夠傾聽謝林
那軟綿綿的上帝之愛的呼喚呢？又如何能夠甘心放棄自我的意志
僅在神性的恩寵中領得一份心靈和諧的聖餐呢？這就注定了謝林
後期的哲學命運，它必然像叔本華、尼采等人的命運一樣，不斷
地遭到人們的誤解和咒罵。

　　的確，謝林前後期的哲學立場和哲學觀念從表面上看是發生
了巨大的變化：從理性的自覺追求者、崇拜者和頌揚者轉變爲
理性的批判者和反對者，從追求人的自由一躍而爲神的自由唱讚

歌，使理性主體淹沒在神性的浪漫情調之中，從憧憬嚮往社會的合理進步轉而反對社會進步。這些變化簡直太讓人不可思議了！對於謝林這些轉變的原因，學術界早已存在著種種不同的說法，但大多是從外在的、政治的觀點去評述，很少有真正令人信服的學術價值。下面我們先略舉兩例：盧卡奇認為謝林發生如此大變化的原因，是因為他離開耶拿，遷居維爾茨堡（Würzburg）後失去了與歌德和黑格爾的直接交往，開始直接受到他的多數公開反動的信徒和學生的影響所致⓫。這種觀點顯然是極膚淺，經不起分析的。因為謝林1803年5月離開耶拿，而在1804年就出版了標誌著他思想轉變的著作《哲學與宗教》，在這極短的時間內，完全在外在條件的影響下，是很難讓一位享有盛名的成熟哲學家的思想發生大的改變的。況且，從謝林在維爾茨堡大學的教學活動和其身邊的朋友來看，並不是像盧卡奇所說的那樣，是一些「反動分子」。這所大學歸巴伐利亞政府管轄，由提倡啟蒙運動的思想大臣孟特格拉斯（M. Montgelas 1749～1838）按耶拿大學的模式改造過。當時聘請了一大批全德知名的教授在此校任教。謝林在這裏講授其自然哲學和藝術哲學，同當年在耶拿一樣深受歡迎，並獲得了許多有名的自然科學家的擁護。如醫學家阿巴爾巴特·弗里德里希·馬爾庫斯（Abalbart Friedrich Marcus, 1753～1816年），自然科學家洛倫茲·奧肯（Lorenz Oken, 1779～1815年）和妥克斯勒（Ignaz Paul Vital Troxler, 1780～1866年），還有艾欣馬耶爾（K. A. Eschenmayer, 1768～1852年）等等，同這些自然科學家的友好交往才是這段時間謝林社交活動的特色。

　　還有一種觀點認為，謝林後期思想的日益衰退是由於其妻子

⓫　參見《理性的毀滅》，頁134，山東人民出版社，1986年版。

卡洛琳娜的死亡導致其創造性的喪失造成的。持這一觀點的是著名哲學家庫諾・費舍爾和原民主德國當代哲學家布爾（M. Buhr）⑫。這種觀點是讓人無法接受的，因爲謝林在其創造力旺盛時期，儘管和卡洛琳娜有著密切的交往，但畢竟卡洛琳娜與施勒格爾的婚姻遲至 1803 年 3 月才在歌德的勸說下予以正式解除，而1803年 5 月謝林遷居維爾茨堡的目的也正是爲了擺脫耶拿的流言蜚語而與卡洛琳娜開始正式的婚姻生活。如果按照他們的「創造性」理論，1804至1809年的這段生活應是謝林創造力量爲旺盛的時期了，爲什麼謝林不是在卡洛琳娜之死的1809年才開始轉變而在1804年就完成了轉變呢？如果不從當時的社會歷史條件的變化以及謝林思想的內在進程出發，就既不能解釋謝林轉變的原因，也無法理解謝林後期哲學的意義與偏失。

　　當人們試圖去評說謝林後期哲學時，首先應該弄清楚的是，他到底發生了什麼改變？當人們說這種轉變意味著從「進步」到「反動」的轉變，指的又是什麼意思？如果我們從政治立場上來分析，可以說，謝林前期和後期並無特別明顯的轉變，或者說他的轉變與其他哲學家，如黑格爾早年與晚年的變化也並沒有多大的差別。因爲在德國哲學家中，很少有像費希特那樣直接鼓吹社會革命，抨擊現實政治的。德國資產階級的軟弱性從一開始就表現爲只在思想中「革命」，而不敢觸動現實，這在謝林那裏也是同樣的。人們說他早在大學時代就和同窗好友黑格爾一起爲歡呼法國大革命而種植「自由樹」，而且把《馬賽曲》譯成了德文，這些畢竟只是一些傳說而已，最多也只是表達了他當時崇尚革命

---

⑫ 參見《西方著名哲學史家評卷》，卷 6，頁210～211，山東人民出版社，1985年版。

的某種心情和態度而已。如果說，他早年有「革命性」的話，同樣也只是表達在晦澀思辨的觀念中的。而晚年謝林儘管在學術機構和政府機構中有些職務，但就其思想而言，也沒有直接的反革命反人民的言論。事實上，他的許多思想與真正官方的觀念，不論政治的還是宗教的都是格格不入的，那麼從什麼意義上說他「反動」呢？如果僅只是指他轉向宗教、背叛理性，那就不僅太一般化了，而且這種「轉向」本身的現實動因和內容就必須首先加以理解。

　　實際上，在我看來，謝林後期的轉變是同他越來越關注人的現實生活處境相關的。無論是講述自然哲學，還是自由哲學和啟示哲學，他圍繞的主題仍然是「人」及其生活的經驗世界，只不過他是通過神本主義立場來加以對照闡發的。比如說，在後期他的自然哲學思考就越來越同實踐的——社會批判的興趣聯為一體，而不只是某種對理論自然科學的闡明。他在關於自由與惡的問題，關於理性和非理性的問題以及神性與人性的問題，都是對人的現實生存狀態或處境的一種反思，都是為人的有限性超越尋找方法與途徑，因此，從根本上說，他的目的仍然是在為人尋找意義的「家園」。他後期自然哲學的所謂實踐的社會批判的興趣，明顯地就是對現代人失去家園的一種理論批判。實際上，早在《藝術哲學》中，謝林就說過：「在人擺脫了自然，而又沒有找到別的家園時，便感到被遺棄了。」⑬所以他認為，現代人的孤獨的厄運，是從現代世界越來越與自然的對抗和疏遠而開始造成的，科技文明進一步加深了這一錯誤。浪漫主義鼓吹「回歸自

---

⑬　〈藝術哲學〉，《謝林全集》，卷3，頁406。

然」，但真正地返回自然之家又談何容易！ 謝林作爲浪漫主義者
當然從未放棄這一嚮往，正是對機械文明造成的人與自然之間越
來越明顯的「異化」（Entfremdung）的強烈感受，謝林才告誡
人們，這種進步該停止了，以便恢復起人與自然間的原始和諧。
謝林正是從這個意義上反對進步的。這種情緒和現代西方人的心
理是完全一致的。

　　謝林同樣地看到了理性在解釋人的現實生活中的無能爲力，
在非理性一再地呈現於人們的眼前時，謝林轉而對理性主義發起
了反攻，這也是情理之中的。但是，謝林的「理性」從一開始就
與黑格爾所理解的大相逕庭，他是通過直觀與審美來超越知性的
分離和對立來達到絕對理性的。因此，他從未達到科學理性的眞
諦。 他在啟示哲學中批判的理性，指的也只是那種思維的、分
析的、邏輯推論的理性，而不是他自己的那種直觀性審美性的理
性。 分析推論的邏輯理性在科學中， 在人類知識中當然是必需
的， 甚至可以說是眞正的理性，但是對於生活的解釋， 對於人
生意義與價值的闡明以及人生信仰與宗教情感的需要等等領域，
分析推論的理性自然是顯得蒼白無力的。所以，謝林對理性的批
判，從社會理想和科學知識的角度說，是錯誤的，從個人生活的
角度上說，又有一定的合理因素，因爲對於生命意義與價值的理
解，從根本上說只屬於情感信仰而不屬於推理思維。

　　對謝林來說，自然之家被毀了，理性既無助於自然之家的重
建，又無力於生活意義世界的建立，唯一的出路只有到宗教神學
那裏去尋求解救之道了。神的那種化可能爲現實的萬能創造性、
使自由與必然合一的能動性、至高無上的愛的意志和無與倫比的
善心，這些都是近代人文主義者和浪漫主義者著力追求的人性理

想，所以，從神性中發掘人性和使人性化爲神性就成爲謝林後期哲學追求的目標了。儘管這種追求，從現實的角度出發，只能是一種消極的浪漫想像與烏托邦式信念，但畢竟西方人在宗教情感中仍然能够求得一份心靈的安寧與慰藉，這正是謝林和其他的浪漫主義者企求神性超越的原因。從這個意義上說，謝林在宗教哲學上的探索也是可以理解的和有意義的。

　　總之，對於謝林的晚期哲學給予簡單地完全否定，也跟給予簡單地完全肯定一樣，是不足取的。他在科學知識與推論的邏輯理性之外去追尋人生的價值與意義，人性的神性超越，仍然是一份值得重視的遺產，因爲他是在爲人的精神尋找安身立命的家園。

第六章　結語：謝林哲學的歷史地位和現代意義

　　謝林哲學是德國古典哲學發展史上的一座豐碑，但是，由於其本身的複雜性和多變性，他的意義至今未能被充分地認識到。特別是在我國，對於謝林哲學，僅在德國古典哲學的教科書中方可見到那精煉得如同格言般的評述，而就對其研究而言，不僅尚未出現一本「專著」，甚至連專門的學術論文也十分罕見，這清楚地表明，謝林被我們忽略甚至遺忘了。

　　造成這種情況的原因誠然很多，但在我看來，其中一個根本的原因，就是我們僅僅簡單地透過黑格爾的眼光來看待德國古典哲學的演變，而且甚至連對黑格爾的理解也存在著片面性，因而把德國古典哲學僅僅看作是朝向理性的太陽奮進的直線上升模式：即是一條由康德的唯心主義二元論到費希特主觀唯心主義一元論，再經由謝林的客觀唯心主義最終完成於黑格爾的百川歸一的包羅萬象的體系之中。因此，人們要了解客觀唯心主義甚至德國古典哲學，自然要到黑格爾這個集大成者的完善的體系中去，而毋須光顧無系統、無中心的謝林哲學這一過渡環節了。

　　這種理解無疑有其合理性和重要性，甚至可以說抓住了德國古典哲學發展的一條根本線索。在這一視野裏，使我們清楚地認識到德國古典哲學中思辨的理性精神及其實質。因為貫穿整個近代西方資產階級文化的一個最主要的精神，就是崇尚理性和追求科學的啟蒙精神。德國古典哲學與這時德國的文學、科學、藝術

等文化領域共同構成了啟蒙精神繁榮和發展的沃土，它以理論的思辨形式最大限度地把啟蒙精神表現出來。而且，德國古典哲學家們不再僅僅局限於宣傳啟蒙主義觀點，不只是認爲社會進步的基礎在於改善理性，增加知識，根除謬誤和偏見以及抓住形式上的自由與平等，維護社會正義，而必須用理性和自由兩面旗幟來反對封建神學，對抗封建專制，進一步從哲學世界觀高度論證啟蒙精神，把啟蒙精神引入人類精神的神聖殿堂，上升爲一種恒久的哲學原則。因此，康德、費希特、謝林和黑格爾，他們的哲學思辨都以不同的形式反映出並頌揚了啟蒙主義的科學理性精神，理性內容與思辨形式相得益彰，爲人類思想史增添了富有積極內容的新成就。

但是，我們認爲，僅僅從這一視角去理解德國古典哲學，特別是謝林哲學，無疑是片面的，因爲它忽視了近代西方文化，特別是德國古典哲學興盛的十八世紀末和十九世紀上半葉這一時期西方文化的另一主導思潮：浪漫主義運動及其精神。當啟蒙運動在法國蓬勃展開時，盧梭就萌發和表達出了浪漫主義的基本心聲，而德國古典哲學家在論證、頌揚啟蒙精神的過程中，由於以提高人的理性和地位爲己任，在廣泛深入地論證人的理性的無限至上性和無限能動性時，爲審美的、超驗的世界留下了空間並以其與功利的、世俗的世界相對抗，從而也爲浪漫主義的興起提供了土壤。特別是在謝林哲學登上德國文化舞臺時，浪漫主義也同時興起並構成了與啟蒙精神相抗衡的、風靡歐洲的強大思想文化運動。謝林不僅是早期德國浪漫派的精神領袖，而且他的思想成爲浪漫主義精神的哲學表達。因此，如果我們僅僅從思辨的立場出發去理解謝林，那只抓住其理論形式的外在框架或者說只是其

哲學精神的一個方面，而忽視其哲學的內在的浪漫主義精神，我們永遠不能說我們已經理解了謝林，甚至對整個德國哲學精神的理解也會是不完全的。

而當我們以思辨的和浪漫的兩種精神特質去審視謝林哲學時，我們不僅發現了謝林哲學本身的內在豐富性；就是「思辨」，也存在著早期以「理智直觀」為形式的理性思辨和後期以啟示宗教為基礎的神性思辨。而且，當我們的視野投注於以前被人們忽略了的浪漫精神時，同時也發現了德國古典哲學中除了存在著通向絕對理性的這條主線外同時還存在著一條從理性到非理性轉折的漸進發展過程。浪漫精神正與這條線索相關連並成為古典哲學通向現代哲學的橋梁。

我們知道，理性構成了整個康德哲學的基石與主線，在《純粹理性批判》裏，他把人的認識能力分為感性、知性和理性三種，從而標出理性之為最高的自發的思維能力，「在理性之外，便沒有再高的能力來把直觀的材料進行加工，並把它帶到最高的統一之下」❹。真正形成康德哲學特色之處，並不是他對理性作為最高認識能力的這種規定，相反，卻是他對理性能力的限制。因為在康德那裏，理性的這種「最高」能力並沒有也不可能完成那絕對完整的綜合統一之使命，而是與錯誤的產生，即所謂的「先驗幻相」聯繫在一起。康德十分嚴肅而理智地闡明了，無論我們依賴理性能力獲得多大程度上的成功，但我們終究不能擺脫人類主觀構造的各種殊相的束縛，結果總把主觀思維中追求的東西，看作是客觀實在的東西，以為有現實的對象作為與理性理念

---

❹ 《西方哲學原著選讀》，卷下，頁331，1982年版。

相符合一致的東西。因此，康德在把理性作爲高於知性的最高認
識能力的同時，又防止理性對超自然、超經驗世界的超越，實質
上是把人的理性能力限制在知性水平上，僅僅保證理性的原理和
理念對於知性認識的現象界有一種「範導性」功能，絕無知性範
疇對於現象界所具有的那種「構成性」的功能。所以，可以說，
康德對舊形而上學的批判，是對理性主義衰微的第一次眞識洞
見。

　　浪漫主義在法國大革命失敗後，對於啟蒙理性的批判，從思
維水平上，並未超出康德對舊形而上學的批判，但在實際效果
上，卻導致了人們對理性的懷疑、否定以致於形成了一股強大的
對非理性的狂熱崇拜的熱潮。因此，對非理性的重視和對理性的
背棄，從根本說，根源於社會生活中非理性本質的出現。因此，
在康德和費希特的哲學之後，由於浪漫主義的巨大影響，在德國
古典哲學中，試圖以理性的形式去蘊含一切非理性的內容成爲一
個極其鮮明的特色。

　　儘管費希特在康德奠基的理性之途上邁進，繼承了理性主義
的邏輯思維方式，但是，在論證其知識學原理時，他一開始就把
理智直觀當作精神的一種內在本性，一種自身回復性的能動力
量。他說：「理智本身注視（直觀——引者）著自己本身；這種
對自己本身的注視直接進入理智自身的存在，而理智的本性就在
於這個注視與存在的直接結合。」❷所以，費希特的純粹自我的
能動力量均來自於理智直觀的這樣一種本原行動。這種理智直觀
的力量，既不能通過概念來闡明，也不能通過概念來展示它的本

------

❷　《費希特著作選集6卷本》，卷3，頁47。F・麥迪庫斯編，萊比
　　錫，德文版。

性，每個人必須立即在自己心中發現它。當然，費希特哲學的威力還在於他的理性辯證法，長處也在於邏輯地論證和推理。而謝林在思維方式上與費希特就大爲不同，他把費希特論證知識學原理的理智直觀方法發展成爲他的理性思辨的整個哲學的方法，而賦之以「審美直觀」，成爲其整個同一哲學（包括自然哲學）大厦的基石和主線，因而以「詩」爲本質的藝術地把握世界的方法（即藝術哲學）成爲其整個理性大厦的「拱頂石」。所以，海涅就把謝林與費希特看作是兩種不同的哲學思維方式的代表，說表現爲費希特哲學長處的邏輯論證和推理「這些卻是謝林先生薄弱的方面，他更多地生活在直觀之中，在邏輯的冷冰冰的高處他覺得不自在，他高興在象徵的花谷中到處奔跑」❸。正是以直觀和審美爲形式，謝林改造了理性主義的思維方式，他認爲，理智不必是有意識的智慧，它既可以自由地和有意識地進行創造，同時也可以盲目地和無意識地進行創造。因此，他與浪漫派和主信仰的哲學家相同，擴展了精神、心靈或理性的概念，以便包含無意識、本能、直覺、體驗和想像等非理性的內涵。這種對理性主義思維方式的改造，同樣在施萊爾馬赫那裏也表現出來，他認爲，思維與存在的絕對統一不能用概念予以規定，只能在自我意識中直接爲人所體驗，人只有在宗教的感情或有預見性的直覺中去領悟本質，憑感情直接與上帝相通。這說明他也以憑藉感情與直覺的非理性的認識方法，取代了憑概念推理、重邏輯求證的理性主義方法。這種非理性主義的思維方式在謝林後期哲學中，通過對理性哲學的批判，以及把哲學轉向宗教信仰和上帝的啟示而得到了肯

---

❸　海涅：《論德國》，頁331，商務印書館，1980年版。

定，他甚至也像叔本華一樣，把意志上升爲本體的範疇，認爲「哲學這個名稱所包含的，本質上就是一種意志（Wollen）」❹，「哲學所主管的這種意志，如果本身不必達到清晰的意識的話，那麼至少也是作爲一種原欲（Trieb），推動著哲學去追求一種特定的目標」❺。所以，從時間上可以說，謝林是先於或至少是與叔本華同時轉向非理性主義的。正是在這個意義上，我們有理由肯定地說，如果不理解謝林哲學中的浪漫精神，我們既不能發現德國古典哲學中從理性到非理性轉折的這一漸進發展的線索，在這一發展過程中，謝林同樣是個關鍵環節；同時也不能對西方非理性主義哲學的產生、甚至於現代西方哲學普遍地關注於對「意義」的研究獲得一個歷史的視野。

　　所以，我們完全有理由說，不論是對於理性主義哲學，還是對於非理性主義哲學，都有謝林的歷史地位。對於前者而言，謝林消解了片面以「自我」主體性建構關於世界的知識、道德和美學的做法，提出了以本原的同一性爲根基，以主客體不相分離的「理智直觀」爲工具來建構「絕對理性」的思想，因而把理性主義推向了頂峰。黑格爾是公認的理性主義哲學的最後完成者，但他只是接過謝林的「絕對」觀念、對於如何使哲學達到「絕對」，他與謝林走的是兩條不同的道路。謝林是通過「藝術」、「審美」、「直觀」，而黑格爾則是通過概念、理念的具有自否定性的辯證邏輯來達到的。這種做法使得黑格爾返回到康德的「理論理性」，並通過費希特的「知識學」，而重新復活了近代理性主義重概念、重邏輯的、重主客體從對立到統一的知識論立場。只

---

❹　《啟示哲學》，《謝林著作選集》，頁740。
❺　同上。

不過黑格爾把知識論與他的本體論結合起來罷了。而謝林卻通過「藝術」、「審美」、「直觀」等對於「絕對同一性」的顯現和把握，凸現了非概念性的、先於「邏輯的」，和先於主客體相分離的本原狀態，從而在某種程度上消解了近代作為「第一哲學」的「知識論」，向著注重情感、價值、審美、意義、意志等人文主義精神的「生存論」或「存在論」過渡。這正是謝林以發掘內在創造性之源泉的浪漫的、非理性主義哲學的現代意義之所在。

眾所周知，現代西方哲學或多或少都是以背叛黑格爾起家的，英美分析哲學從語言的層面上，以概念的明晰性、邏輯分析的嚴密性等科學精神去批判黑格爾哲學的「思辨性」；而歐洲大陸人文主義哲學則是以其對「意志」、「價值」、「情感」等非理性精神去反駁黑格爾理性的邏輯主義。謝林後期對黑格爾哲學的大肆倒戈，正是其思想向現代的跳躍。儘管他的「批判」在實際效果上沒有啟發到叔本華，但在兩者共同以「意志」為世界之本原這一點上有著相似之處。但最為重要的意義在於，謝林對黑格爾邏輯主義的批判，說他把邏輯上必然的東西，當作現實中實有的東西，從近處影響來說，最初導致了基爾凱郭爾在「感情上」對黑格爾的反叛，從而使「激情」在哲學上重新得到尊重（羅素說基爾凱郭爾抓住了「德國唯心主義的通病」）。從遠處影響來看，謝林對黑格爾「邏輯主義」的批判，的確開了後現代主義消除西方哲學（特別是黑格爾哲學）「邏各斯中心論（Logozentrismus)」的先河。

從思維方式上看，謝林返回於主客體尚未分離之前的本原狀態，以先驗的「理智直觀」為哲學的工具，首先在胡塞爾（Edmund Hussel, 1859～1938年）現象學（Phänomenologie) 的「

本質直觀」中得到延續，並開啟了現代哲學對於近代傳統知識論的批判之路。「直觀的自明性」代替了「概念的明晰性」，「直觀的審美感」深化了認知的「科學性」和「邏輯性」。特別是歐洲大陸人文主義哲學日益轉向「先於邏輯」的本原和語言底層的詩意，把神話思維、宗教體驗和藝術直觀等「詩意的思」納入哲學家園之中，以擴大傳統知識論哲學的範圍，完全是與謝林同出一轍。

　　從精神氣質來看，謝林對於現代哲學最具啟發作用的，還是海德格爾和雅斯貝爾斯的「存在主義」。因為無論是自然哲學還是啟示哲學，謝林都在告訴人們，哲學所要揭示的並不是存在者 (Seiende)，而是那不可追溯的本原的存在本身 (Sein selbst)，在自然哲學中，只有這個「存在本身」才具有原始的創造本性，才是一切存在物之創造性的「主體」；在啟示哲學中，謝林把「存在本身」的三個原始性能（能在、必在和應在）同上帝的三位一體聯繫起來，建立了啟示哲學的神性本體論，並認為這種以能在為根基的存在是一種面向將來的，在自由創造的行動中建立起自己的現實存在（本質）的過程。海德格爾在《存在與時間》中對人的「存在」的分析，幾乎與此沒有什麼不同。因此，在謝林的後期哲學中發現存在主義的先聲並不是什麼奇聞，無怪乎，當海德格爾說謝林《關於人的自由本質的哲學研究》是西方哲學史上最為重要的著作時，雅斯貝爾斯則明確宣稱謝林是存在主義的直接先驅❻。同時，人們也可以從海德格爾《藝術品的本源》中以藝術為中心來拓展其哲學思路（所謂的「詩化哲學」）的做法

---

❻　Karl. Jaspers: *Schelling*: *Größe und Verhaengnis*, Munche, 1955, S. 1

裏看出謝林以藝術爲哲學工具總論的浪漫精神的影響。此外，謝林強調人在歷史中的自由創造、惡是不可消除的積極力量、人及歷史的有限性和不完善性以及讓人看出理性在歷史中的力量和無能（Ohnmacht）之間的辯證法這些思想，比傳統理性主義更能讓現代人理解和接受。所以當今德國哲學家路德維希·哈斯勒（Ludwig Hasler）說，人們現在已成了謝林這些思想的「心領神會的聽眾」❼。

當然，最近十幾年來，在西方談論得最多的還是謝林的自然哲學，因爲這位富有預見性的哲人，早在近 200 多年前所表達的對自然界命運的擔憂以及對人和自然理想關係的展望，恰恰正是當代人所面臨的最爲嚴重的生存困境：自然之家園的毀壞。謝林從哲學思辨與經驗科學的結合中，對理性主義自然觀所進行的批判，堅持自然界獨立不倚的「主體」地位，對精神與自然同一性關係的充分論證，對自然界內在規律性和內在創造性的充滿詩意的浪漫崇拜，對同自然保持一致的呼聲等等，這些無不導出了現代西方人的心聲，其精神實質已融入到「自然保護主義」之中，構成了現時代的最強音。

總之，在人類日益感受到生態資源的破壞、環境污染、能源危機已嚴重地威脅到人類自身的生存時，當西方哲人普遍地認識到他們所經歷的社會與心靈的空前危機，實質上是一種「意義」的危機，即人對人之所以爲人的根本價值和意義感到迷失的危機時，他們紛紛地敞開心懷同謝林關於自然、歷史、神話、藝術甚至宗教的思想展開「對話」，洗耳恭聽這位「對話者」的許多閃

---

❼　《謝林：對於自然哲學和歷史哲學的意義》，頁 15，斯圖加特，1981年，德文版。

光的智慧。因而，從70年代末開始，國際謝林哲學討論會接二連三地召開，謝林研究專著明顯增多。他那看上去正被徹底遺忘並僅具有歷史意義的哲學，今天在西方正在經歷著一場獨特的復興，它不再是「古典」的文獻，而眞實地成爲一種「現代」的意識，時時叩擊著西方人那焦慮的心靈。對於這樣一位偉大的哲人和出色的思想家，我們怎能放棄同他進行心靈對話和思想交流的機會呢？

附錄: Schellings Philosophie in China

Deng An-qing

Wegen der besonderen politischen Stellung des Marxismus in china steht die deutsche klassische Philosophie im Brennpunkt der studien vieler chinesischen philosophen. Aber Schelling hat eine Ausnahme gebildet. Auf ihn ist man nicht nur keine angemessene Aufmerksamkeit geschenkt, besonder auch man oft ihn missverstehen und eine dogmatische kritik an ihm übt. Der Hauptgründ dafür liegt darin, daß manche Leute nur mit einiger für schelling ungünstigen Äußerung, die aus der drei ungerechten kritischen Aufsätzen des jüngen Engels Wie. z. B》 Schelling und Offenbarung 《unkritisch übergenommen worden, Schelling zu verstehen suchen. Sie haben gar keine Zeit genommen, die Werke von Schelling zu lesen und Schellings Ansichten zu zuhören. Darauf ist die Stellung von Schelling in der deutschen klassischen Philosophie allein nach den Anweiung des Marxistes. bestimmt: die Entwicklung der deutschen klasischen Philosophie weit einen logischen, unvermeidlichen Rationalisierungsprozeß auf, Dabei ist der Marxismus das einzige gerechte Ergebnis dieses unvermeidlichen Prozepes. Deswegen bechränkt sich die Bedeutung der Schellings philosophie in Realisierung der Umwandlung von dem Fichtes subjektiven Idealissmus zu dem objektiven Idealimus, desen vollständigen Erläutung nur bei den objektiven Idealismus systematich ausformulierendem Hegel zu finden ist. Schelling ist als⟩ eine kette ⟨im immanenten Entwicklungsprozeβ von kant zu Marx verstanden worden, Dies mechanische Verstandniβ ist bis heute kaum geändert.

So wie ich weiβ, war Herr Prof. He Lin (1902～1992), der frühzeit in Deutschland studiert hatte, einer der ersten Vermittler der Schellings Philosophie in China. Er veröffentlichte im Jahre 1944 in der 》Zeitschrift kommentar der philosophie《*einen Aufsatz mit dem Thema*》kürze Darstellung der Schellings philosophie 《 (15000 chinesische Zeichen). Darin hat Herr He Lin Schellings philosophie in 5 phasen aufgegliedert:

A: Naturphilosophie, vor 1799;

B: Der transzendentale Idealismus, 1800;

C: Identitätsphilosophie, 1801-1804;

D: Freiheitsphilosophie, um 1809;

E: Philosophie der Religion oder Offenbarung, nach 1815;

Herr prof. He meinte, Schellings frühzeitige Naturphilosophie und Identitätsphilosophie hat die Einseitigkeit der Fichtes Philosophie abgeholfen und eine Brücke zu der Hegels philoophie gebaut. In seinen Frühwerken hat Schelling mehr

Wert auf die Anchauung und Schönheitsinn gelegt und nicht genügend die Vernuft geachtet. In der spätere Jahren seines Leben hat er den Schwerpünkt seiner Studien auf Mythologie und Offenbarung Gottes gerückt und schließlich gegen die Vernuft zurückgeschlagen. Darum ist seine philosophie nie zum wahrer Sinn des Rationanimus gelangen. Schellings Philosophie hat sich durch die weisheit und originelle Idee Poetes ausgezeichnet un sich als Gipfel der deustchen Romantik erwiesen. Diese Abhandlung von Herr prof. He weist einen größen akademischen Wert auf. Besonders ist die Angabe über die Freiheitsphilosophie und Religionsphilosophie in Schellings Späterwerken bedeutungvoll, die bis heute als der Schlüssel für die richtigen und umfassender Verstandnisse der Schellings philosophie betrachtet werden kann.

Viele Jahre danach erschien in 1976 eine andere Abhandlung von Prof, Liang, Zhi-xue die erstmals die Entwickelung der Gedanken Schellings totalen darstellt:》Eine kürze Kommentar zu Umwandlung der Schelling Philosophischen Gedanken《. *Dieser Aufsatz war eine Vorrede der Übersetzers vom Schellings Werk*》System des transzendentalen Idealismus《 Von Prof. Liang Zhi-Xue und Prof. Xue Hua. Das Werk war jedoch das einzige Werk von Schelling, das vollständige in chinesisch übersetzt worden. Darin hat Herr Prof Liang die wichtige Bedeutung der Schellings Frühwerk, die durch

eine Erweiterung der Kant und Fichtes idealitischen Diale-
ktik in die Außenwelt die deutsche klassiche Philophie
fördert, voll und ganz anerkannt und den historischen Gesell-
schaftshintergrund und die innerliche Quelle der Gedanken-
umwälzung Schellings, der von Initiator für das bürgerlich
Rechtssystem zum Verteidiger des feudalischen Diktatursys-
tem, von den aufrichtigen Jugendgedanken (K. Marx) zu
der preußen Politik unten dem philosophischen Schild wurde,
begründet. Diese Abhandlung übt eine tiefgehende Auswir-
kung in china, insbesondere stellt die Übersetzung Sche-
llings Werk das einzige Beweisstück für die For schung der
frühzeitigen Schellings philosphischen Gedanken zur Verfü-
gung.

　　Zur Änderung der ungeschätzten Lage der Schellings
Philosophie in china und zu dem genauen und wahrheitsge-
mäßigen Verstandnis und Erkenntnis der ganzen Gedanken
Schellings und deren Stellung in der neuzeitlich-modernen
deutschen Philosophie habe ich während meiner Promotions-
tudentszeit die Schellings Philosophie als meine Fachrichtung
gewählt. Nachdem ich verschiedene Werke Schellings und
viele Ansichten auf den Schellings internationalen Kolloquien
seit 8oer Jahren gelesen und Studiert hatte, Habe ich folge-
nde Aufsätze veröffentlicht:

　　1. 》Schellings Philosophie—Ein nicht zu vernachläsi-
gendes Bereich《

2. 》Bericht und Kommentar zur Forschung der Schellings Naturphilosophie im Ausland.《

3. 》spekulativ und romantische: Grundstrucktur und innerliche Spannung der Schellings Philosophie.《

4. 》Wissen. Geschicht und Kunst: über die drei Hauptsthemen der Schellings transzendentalen Philosophie.《

5. 》über die gegenwärtige Bedeutung der Schellings Philosophie.《

6. 》über die Schellings Geschichts tsphilosophie u. a.

Daneben habe ich》Schellings ästhetische Konzeption und die deutsche Romantik《ins chinessisch übersetzt. Zur Zeit beschäftige Ich mich mit der Schellings Kunstphilosophie.《 Auf der Grundlage dier Studien und Übersetzungen habe ich im Juni 1992 meine Dissentation—》Über die spekulatische und romantische Philosophie Schellings《—vollendet.

Das grundlegende Ziel dieser Dissertations liegt in Widerlegen dagegen, daβ man nur von der spekulatisch-rationellen Seite Schelling zu ergreifen versucht. Dabei wird der romantische Geist der Schellings Philosophie hervorgehoben. In der Abhandlung sind wichtige Merkmale des romantichen Geist in der Schellings Naturphilosophie, Identitätspilosophie, Kunstsphilosophie und Religionsphilosophie und deren Darstellungsart nacheinander dargelegt. wobei die an der spekulatischen Vernuft revidierende und umgestaltene Funktion

dieses romantischen Geistes betont wird. Meiner Meinung
nach hat die Schellingsphilosophie bei der verehrung der
Natur und Kunst sowie beim Respokt der Mythos und
Religion ein grundlegendes Ziel vor Auge, das von der
Vernuft der Aufklärung bestrebte gesellschaftliche Ideal
widergelegt und die im Gegensatz zur Natur stehende verfre-
mde Welt des Utilitarismus entgegengesetzt zu werden. Diese
Philosophie versucht, den für den Menschen wichtigen Imp-
uls der Lebenkräfte und die Quelle der poetischen Lebensch-
öpfung, die durch die Abstraktion der Vernuft erhüllte
und vergessen worden, neu zu entdecken. Somit hat diese
Philosophie eine Funktion gewirkt, daß die Strucktur
der Erkenntnistheorie der neuzeitlichen philosophie zu
aufheben und den Vorrang der ontologichen Verhaltnisses zu
hervorheben versucht. Schelling hat jedoch die Konstruktur
der Ontologie an sich nicht ganz und voll erfüllt. Aber
Sein romantischer Gedanke hat durch Rettung des eigentlichen
Lebenswertes des Individums (Selbstständigkeit, Natur,
Freitheit, peotische Produktion, Göttlichheit u. s.) den
Durchbruch der nach peotischen Leben strebenden Ontologie
eröffnet und die wesentliche Ausrichtung der vorrangigen
Stellung der Leben-ontologie festgelegt. Diese philosophie, die
ander als der Fichtes auf die Konstruktion der Wisenschafts-
lehre gezielte Rationalismus ist, hat eine andere Denkweise
und geistliche Tendenzen nach kant gebildet und sogar im

Grund die Basis des Rationalismus, der mit Hegel Ende genommen hat, erschüttert. In seinen Lebensabendjahren hat Schelling in einer》Philosophie der Offenbarung《immer die Frage gestellt: "Warum die Vernuft ist, aber Unvernuft nicht ist?" Dies deutet gerade Krtise des Rationalismus und den offenen Widerstand gegen das rationalistische System Hegels an. Der verfasser hat daraus klar erwiesen, daβ man Schellingsphilosophie nur vom Standpunkt des deutschen spekulativen Rationalismus aus nicht umfassend verstehen und beurteilen kann. So kann man feststellen, daβ der Beitrag Schellings zu der deutschen Philosophie hauptsächlich nicht in der weieren Erhebung der Vernuft besteht, sondern in der Einschränkung der vernunft, deren romantichen umgestaltung und im Gegensatz zwischen Anschauung und Reflexion, zwischen Schönheitsinn und Verstand, zwischen Peosie und Logik, zwischen Erlebnis und Begriff, sowie in der Ermöglichung, unvernuft, Unlogik und unwissen der Absenz in der rationalitischen Subjektivitätsphilosophie anwesend und aussagbar zu lasen, Daraus hat die Disertation die Schluβfolgerung gezogen, die riesige Bedeutung der Schellingsphilosophie besteht darin, daβ sie sowohl mit dem romantischen Geist der spekulativen Philosophie Energie und Lebenskraft zugeführt und die extreme Tendenz des Rationalismus verhindert, als auch der Romantik eine solide philosophische Grundlage und theoretische Ausdruck verliehen hat. Aber ist die Erweisweise doch noch spekulative und systematische (obwohl der niemals ein vollsändigen system aufgebaut hat). Dabei wird die immanente Spannung zwischen Spekulation und Romantisches in seiner Gedanken gebildet. Durch Dartellung der gegeneinander Einwirkung und Widerspruche zwischen kant, Fichte, Schelling und Hegel versucht der Verfasser, damit man überzeugen zu lassen, daß sich die deutsche klasische Philosophie nicht nach der rationellen Vorstellung linear, sondern voller winduagen und Wendungen und Vieldimensionale Entwickelt hat, wie man die Schellingsphilosophic als einen kette zu dem Gebaude des Hegels Rationalismus ansehen kann, kann sie auch als eine Übergangsbrücke zu der Willensphilosophie und Existenzphilosophie Heideggers betrachtet werden. Dabei wird Schelling durch sein Interesse an Existenzproblemen und deren Auflösung ein lebendiger Gesprächpartner der Menschen von Heute.

Mein anderes Buch 》Schelling 《 wird schon in》Der Buchleihe über philosophen der Welt, 《Chefredukteur Prof, Fuwei Hsu von der Temple universität U. S. A. aufgenommen und in Taiwei chinas herausgegeben.

Es hat man sehr gefreut, daß die chinessische Regierung eine Summe Geld für die Sozialwissenschaft zur Herausgabe》 Ausgewahlter Werke Schellings in vier Bande,《deren Reduktion von Prof. Hua Xue geleitet wird, bereit gestellt hat. Die

Vorbereitungsarbeit dafür wird jetzt untergenommen. Wir sind davon überzeugt, daß sich Schellings Philosophie immer mehr ans Geistlichen Lebens beteiligt und wird ein freundlicher Gesprächpartner der chinessiisen beim Philosophieren.

謝林生平和活動年表

5月　　　　與奧·威·施勒格爾初識

5月28日　在耶拿席勒家與歌德相遇

6月30日　邀請謝林擔任耶拿編外教授職務的聘書簽署

8月18日～　謝林在德累斯頓·與諾瓦利斯、施勒格爾兄
　　　　　　弟、費希特會晤

10月1日　謝林開始在耶拿講自然哲學和先驗哲學

1799年春　《自然哲學體系初步綱要》

　　夏　　　《自然哲學體系初步綱要導論》

1800年4月　《先驗唯心論體系》·《思辨物理學雜誌》第
　　　　　　1期出版

　5月2日　謝林去鮑克列克陪同卡洛琳娜治病

　7月～9月　在班貝格學醫，開哲學講座

　9月　　　《思辨物理學雜誌》第2期出版

　10月　　　重返耶拿

1801年5月　《思辨物理學雜誌》（第2卷第1期）發表謝
　　　　　　林的〈對我哲學體系的闡述〉一文

1802年1月　《批判哲學雜誌》第1期發表謝林的〈論哲學
　　　　　　批判的實質〉（與黑格爾合作寫成）和〈論絕
　　　　　　對同一體系〉兩篇文章

　6月　　　蘭茨胡特大學授予謝林以醫學博士學位

　8月　　　《新思辨物理學雜誌》發表謝林的〈對我哲學
　　　　　　體系的進一步闡述〉一文

　10月　　　《新思辨物理學雜誌》（第1卷第2，第3
　　　　　　期）出版。在第2期上發表了謝林的〈對我哲
　　　　　　學體系進一步闡述的第二部分〉，第3期上發

表了謝林的〈四種有益金屬〉

秋　　　　　《布魯諾》發表

12月　　　　《批判哲學雜誌》（第 1 卷第 3 期和第 2 卷第
　　　　　　2 期）出版。前者發表了謝林的〈論自然哲學
　　　　　　與哲學的關係〉和〈論哲學的構成〉

1803年春　　「學術研究方法講座」

　5月初　　《批判哲學雜誌》（第 2 卷第 3 期）發表謝林
　　　　　　的〈從哲學上看但丁〉一文

　5月22日　離開耶拿

　6月26日　與卡洛琳娜結婚

　11月　　　轉赴維爾茨堡

　全年　　　寫作「藝術哲學」教程

1804年春　　《哲學與宗教》

　7月　　　制定醫學雜誌大綱

　11月 7 日　遭政府申斥

　全年　　　寫作「哲學入門」和「全部哲學的體系」兩門
　　　　　　課程的教程

1805年10月　《科學醫學年鑑》（第 1 卷第 1 期）發表謝林
　　　　　　的〈自然哲學導論的箴言〉一文

1806年 3 月24日　在維爾茨堡講最後一課

　4月18日　去慕尼黑

　5月　　　謝林參預國務（無官銜）。《科學醫學雜誌》
　　　　　　（第 1 卷第 2 期）發表〈關於自然哲學的箴
　　　　　　言〉一文

　春　　　　以〈論自然界中觀念的東西與實在的東西的關

	係〉一文爲開頭的《論宇宙靈魂》第二版出版
7 月	被任命爲巴伐利亞科學院院士
10月	《科學醫學年鑑》（第 2 卷第 1 期）出版
秋	〈對自然哲學與費希特修正過的學說的眞正關係的闡述〉發表
1807年春	《論德國科學的本質》發表
6 月	《科學醫學年鑑》（第 2 卷第 2 期）發表〈關於自然哲學的箴言〉一文的結束部分
10月12日	以「論造型藝術與自然的關係」爲題的祝辭
1808年初	《科學醫學年鑑》（第 3 卷第 1 期）出版
5 月13日	謝林出任藝術科學院秘書長
7 月	〈關於王家藝術科學院章程〉一文發表
8 月	當選埃爾蘭根科學協會榮譽成員。與卡洛琳娜去巴伐利亞阿爾卑斯山
10月	《科學醫學年鑑》（第 3 卷第 2 期）出版
1809年 5 月	《哲學著作選集》第 2 卷出版（在該卷中首次發表〈關於人的自由本質的哲學研究〉一文）
9 月 7 日	卡洛琳娜逝世（在馬爾勃隆）
1810年 1 月	謝林在斯圖加特
2 月～ 7 月	「斯圖加特座談」
9 月	開始寫作《世界時代》
10月	返回慕尼黑
1811年 4 月	《世界時代》（排版）
夏	謝林籌備藝術科學院展覽會

	10月12日	展覽會開幕。謝林擬定展品目錄
1812年	1月	《弗‧雅可比閣下「論神的存在」一書述要》
	5月末	在里赫登費爾斯驛站與巴烏琳娜‧戈特爾訂婚
	6月11日	舉行婚禮
	10月	謝林在紐倫堡與黑格爾會晤
	10月5日	謝林的父親逝世
1813年		謝林出版《德意志人必讀的全德雜誌》。一年出四期。
		《世界時代》（按第二方案排版）
	12月17日	長子巴烏爾降生
1814年	10月	藝術展覽會目錄
	冬	《世界時代》（按第三方案排版）
1815年	8月2日	次子弗里德里希降生
	10月12日	宣讀《論薩摩特拉刻的諸神》祝辭
1816年	1月	邀請他去耶拿擔任教授職務
	7月～9月	謝林住在鄉下，寫作《世界時代》
		瑞典開始出版他的全集（第5、第7卷）
1817年	2月	對瓦格納有關愛琴海雕塑一書所做的藝術研究性的注釋
	3月25日	長女卡洛琳娜降生
1818年		瑞典出版他的全集的（第9、第11卷）
	7月3日	次女克拉拉降生
	7月8日	謝林母親逝世
1819年	夏	謝林第一次到卡爾斯巴德治病
	年終	謝林身患重病

1820年	瑞典出版謝林全集第 1 卷
12月 1 日	去埃爾蘭根
1812年 1 月 4 日	在埃爾蘭根講一堂課
夏季學年	第一次講授「神話哲學」
7 月20日	三女尤里雅降生
秋	「神話哲學」第一方案排版
1822年 8 月	首次講授「近代哲學史」
1823年	辭掉藝術科學院秘書長職務
1823年春	「神話哲學」第二方案排版和付印（沒發行）
4 月19日	三子戈爾曼降生
1825年	撰寫《神話哲學》
8 月	在卡爾斯巴德認識 A・N・屠格涅夫和 π・Я・恰達耶夫
1826年	慕尼黑大學創建；謝林被聘爲教授
1827年 5 月11日	謝林被任命爲巴伐利亞王家學術檔案館總監
8 月	被任命爲科學院院長
11月26日	開始講授「近代哲學史」
1828年兩個學期	講「神話哲學」
1829年夏季學期	繼續講「神話哲學」
8 月	在卡爾斯巴德會見黑格爾
10月	與 π・B・基列也夫斯基相識
多季學期	爲完成著述而請假
1830年 3 月	「神話哲學」第三方案排版和付印（未發行）
夏季學期	講「哲學導論」，聽講者中有 И・B・基列也夫斯基

8月17日	謝林任樞密顧問
冬季學期	講「神話哲學」
12月29日	向大學生發表演說
1831年夏季學期	講「神話哲學」
冬季學期	講「啟示哲學」
1832年3月28日	在科學院發表「論法拉第的新發現」演說
夏季學期	講「啟示哲學」
冬季學期	講「肯定的哲學體系」
1833年夏季學期	講「肯定的哲學體系」
9月	獲榮譽軍團騎士勳章和成爲巴黎科學院通訊院士
冬季學期	講「啟示哲學」
1835年夏季學期	爲完成著述而請假
冬季學期	講「神話哲學」
1836年夏季學期	講「哲學導論」
秋	去卡爾斯巴德從事著述
冬季學期	講「肯定的哲學體系」
1837年夏季學期	講「神話哲學」
10月	開始編輯《慕尼黑學報·哲學編》
冬季學期	講「神話哲學」
1838年夏季學期	講「神話哲學」
冬季學期	講「啟示哲學」
1839年夏季學期	講「哲學導論」
冬季學期	爲完成著述而請假
1840年夏季學期	爲撰寫著作而請假

8月	應邀赴柏林
冬季學期	講「哲學導論」和「神話哲學」
1841年11月15日	在柏林講第一課
冬季學期	講「啟示哲學」。聽講者中有恩格斯、基爾凱郭爾、巴枯寧
1842年夏季學期	講「神話哲學」，與Ｂ・Φ・奧道也夫斯基會晤
10月	辭去巴伐利亞方面的職務，正式被委任以普魯士宮廷職務
冬季學期	講「神話哲學」
1843年	巴鳥留斯發表謝林「啟示哲學」筆記
夏季學期	講「神話哲學」
冬季學期	講「哲學原則」（「對自然過程的描述」）
1844年夏季學期	講「啟示哲學」
冬季學期	講「神話哲學」
1845年兩個學期	講「神話哲學」
1846年4月	為斯捷芬斯死後出版的著作寫序言
1854年8月20日	謝林在拉加茨（瑞士）逝世

主要參考書目

1. *Schellings sämtliche Werke* I-XII, Herausgegeben von Manfred Schröter, München, 1927.

   《謝林全集》十二卷本，Manfred Schröter 編，慕尼黑，1927 年德文版。

2. *F. W. J. V. Schelling, Werke, Auswahl in drei Bänden*, Herausgegeben von Otto Weiβ, Leipzig, 1907, Fritz Eckardt Verlag.

   《謝林著作選集三卷本》，萊比錫，1907年德文版，由Otto Weiβ 編、弗里茨・埃卡爾特出版社。

3. Ludwig Hasler (Hrsg.): *Schelling: Seine Bedeutung für eine Philosophie der Natur und der Geschichte* Referate und Kolloquien der Internationalen Schelling-Tagung Zürich 1979.

   《謝林，對於一門自然哲學和歷史哲學的意義》，1979年蘇黎士國際謝林哲學研討會論文集。斯圖加特，1981 年德文版。

4. *Natur-Kunst-Mythos, Referate und Kolloquien der Internationalen Schelling-Tagung* Berlin, 1978.

   《自然・藝術・神話：國際謝林哲學研討會論文集》，柏林，1978年德文版。

5. Reinhard Heckmann/Hermann Krings Rudolf W. Meyer (Hrsg.) *Natur und Subjektivität.* Zur Auseinandersetzung mit der Naturphilosophie des jungen Schelling. Referate, Voten und Protokolle der II. Internationalen Schelling-Tagung Zurich, 1983.

《自然和主體性──1983年蘇黎士第二屆國際謝林哲學研討會論文集》，斯圖加特，1985 年德文版。

6. *Philosophie der Subjektivität?* Zur Bestimmung des neuzeitlichen Philosophierens, I. Kongreβder Internationalen Schelling-Gesellschaft Leoberg Oktober 1989

〈主體性哲學？──近代哲學之規定：第一屆國際謝林協會大會綜述〉載於：《德國哲學研究》雜誌 1991 年第 1 期。這屆大會於 1989 年 10 月 11 日至 14 日在德國謝林的故鄉萊昂貝格 (Leoberg) 舉行。

7. Werner Harkopt: *Schellings Dialektik in der transzendentalen Philosophie und in der Identitätsphilosophie,* München, 1975.

《謝林先驗哲學和同一哲學中的辯證法》，慕尼黑，1975 年版。

8. Werner Marx: *Schelling: Geschichte, System, Freiheit* München 1977.

《謝林：歷史‧體系‧自由》，慕尼黑，1977 年德文版。

9. *Schellings Leben und Briefschaften,*

《謝林生平和書信集》第 1 卷，萊比錫，1869年德文版。

10. *Schellings Briefschaften und Dokumente* II., Bonn,

1962～1975.

《謝林書信和文獻集》第 II 卷，波恩，1962～1975年德文版。

11. *Die zeitgenössische Referate über Schelling*, 1974.

《同時代人對謝林的評論》，都靈，1974 年德文版。

12. Hegel als Mitarbeiter Schellings, Die idealistische Substanz-Metaphysik, in *Hegel in Jena*.

〈黑格爾作爲謝林的合作者〉，《唯心主義的實體形而上學》，載:《黑格爾在耶拿》1980年，波恩。

13. Spekulation und Reflexion, in: *Untersuchung über Hegel V* 1969.

〈思辨和反思〉，載《黑格爾研究》，1969年第 5 卷。

14. *Fichte, Werke, Auswahl in sechs Bänden*, Herausgegeben von Fritz Medicus.

《費希特著作選集六卷本》第 3 卷和第 5 卷，弗里茨·梅地庫斯編，萊比錫，德文版。

15. Joachim Ritter: *Wöterbuch der philosophischen Geschichte*.

《哲學歷史詞典》。

16. Werner Marx: ontologische-theologische Stellung: Schelling, in: *Gibt es ein Maβstab auf der Erde?- Gründbestimmt einer unmetaphysische Ethik*, 1983.

〈本體論的一神學的立場: 謝林〉，載《在世上有一種尺度嗎? ——非形而上學倫理學的基本規定》，漢堡，1983年版。

17. Steffen Dietsch: *Friedrich Wilhelm Joseph Schelling*.
《弗里德里希・威廉・約瑟夫・謝林》

18. Schelling: *System des transzendentalen Idealismus*.
謝林：《先驗唯心論體系》，北京商務印書館，1983年中文版。梁志學、石泉譯。

19. Heinz Paetzold: *Ästhetik des deutschen Idealismus- Zur Idee ästhetischer Rationalität bei Baumgarten, Kant, Schelling, Hegel und Schopenhauer*, Franz Steiner Verlag 1983.

《德國唯心主義美學——論鮑姆伽登、康德、謝林、黑格爾和叔本華審美理性的思想》，弗朗茨・施泰納出版社，1983年版。

20. Heinz Paetzold: *Modelle fur eine semiotische Rekonstruktion der Geschichte der Ästhetik*, Rader Verlag, 1986.

《美學史的語義學重建模式》，拉德出版社，1986年版。在該書中，作者有篇專論：〈語義學視野中的謝林藝術哲學〉。

21. *Schellings und Hegels erste absolute Metaphysik (1801~1802)*. Zusammenfassende Vorlesungsnachschriften von I. P. V. Troxler, herausgegeben, eingeleitet und mit Interpretationen versehen von Klaus Düsing. Jürgen Dinter. Verlag für Philosophie, Köln 1988.

由 Klaus Düsing 編：《謝林和黑格爾的第一絕對形而

上學，(1801~1802年)》，Jürgen Dinter 哲學出版社。
科隆，1988年版。

22. *Deutsche Philosophie, Von 1917 bis 1945*, Berlin, 1961.

《德國哲學；從1917至1945年》柏林，1961年版。

23. *Deutsche Philosophie, nach 1945*, Berlin, 1961.

《德國哲學，1945 年以後》，柏林，1961 年版。

24. Herbert Schnädelbach: *Philosophie in Deutschland 1831~1933*, Frankfurt am Main, 1983.

《1831~1933年的德國哲學》，美茵茲法蘭克福，1983年版。

25. Herbert Schnädelbach: *Vernunft und Geschichte—Vorträge und Abhandlungen*, Frankfurt am Main, 1987.

《理性與歷史 —— 講演和論文集 》，美茵茲法蘭克福，1987年版。

26. Martin Heidegger: *Untersuchung zur Schellings Untersuchung über das Wesen der menschlichen Freiheit*, Tübingen 1971.

馬丁·海德格爾：《對謝林〈關於人的自由本質的哲學研究〉的研究》。圖賓根，1971年版。

27. Ernst Cassirer: *Symbol, Myth und Kultur*, Tübingen, 1968.

恩斯特·卡西爾：《符號·神話和文化》，圖賓根，1968年版。

28. Karl Jaspers: *Schelling: Größe und Verhängnis*.

29. Gerhard Funke: Die Philosophie des deutschen Idealismus und ihr Verhältnis zur Romantik, in: *Deutsche Philosophie*.

〈德國唯心主義哲學及其與浪漫主義的關係〉，載《德國哲學》第 5 輯，由湖北大學德國哲學研究所編，北京大學出版社出版。

30. H. Krings, H. M. Baumgartner und Ch. Wild: *Handbuch Philosophischer Grundbegriff* III, München, 1974.

《哲學基本概念手冊》第 III 卷，慕尼黑，1974年德文版。

31. Martin Heidegger: *Identität und Differenz*, Hamburg, 1975.

馬丁・海德格爾：《同一和差異》，漢堡，1975年德文版。

32. *Marx und Engels Sämtliche Werke*, 27 und 41.

《馬克思和恩格斯全集》27和41卷，北京，人民出版社，中文版。

33. Kuno Fischer: Die philosophischeIdee des jungen Hegels, in: *Geschichte der Neuern Philosophie* VIII. Übers Zhang Shi-ying.

庫諾・菲舍爾：〈青年黑格爾的哲學思想〉，原載《近代哲學史》第 8 卷，張世英譯，吉林人民出版社，1983年中文版。

34. Immanul Kant: *Kritik der reinen Vernuft*, Felix Meiner, Hamburg, 1956.

康德：《純粹理性批判》，漢堡，1956 年德文版。該書

現已有中文版，韋卓民譯，由華中師範大學出版社出版。

35. Norman Kemp Smith: *A Commentary to Kant's "Critique of Pure reason".*

諾曼・康蒲・斯密：《康德「純粹理性批判」解義》，北京，商務印書館，1961年中文版。

36. Immanul Kant: *Kritik der praktischen Vernuft.*

康德：《實踐理性批判》，商務印書館中文版。

37. Immanul Kant: *Kritik der Unteilskraft.*

康德：《判斷力批判》上下卷，由宗白華、韋卓民譯，北京，商務印書館 1983 年中文版。

38. Immanul Kant: *Logik.* Ein Handbuch zu Vorlesungen. Königsburg bei Friedrich Nicolovius 1800.

康德：《邏輯學講義》，許景行譯，北京，商務印書館，1991 年中文版。

39. Immanul Kant: *Die pragmatische Anthropologie.*

康德：《實用人類學》。鄧曉芒譯，重慶出版社，1987年中文版。

40. Kant: *Die metaphysische Grundlage der Naturswissenschaft.*

康德：《自然科學的形而上學基礎》，鄧曉芒譯，北京，三聯書店，中文版。

41. J. G. Fichte: *Grundlage der gesammten Wissenschaftslehre.* Leipzig, 1912.

費希特：《全部知識學的基礎》，王玖興譯，北京，商務印書館，1986 年中文版。

42. J. G. Fichte: *Einige Vorlesungen Über die Bestimm-ung des Gelehrten, Die Bestimmung des Menschen*
費希特：《論學者的使命》，《論人的使命》，梁志學、沈眞譯，北京，商務印書館，1984年中文版。

43. G. W. F. Hegel: *Vorlesungen über die Geschichte der Philosophie* I-IV, Herausgegeben von Hermann Glockner, Stuttgart, 1928.
黑格爾：《哲學史講演集》第1～4卷，賀麟、王太慶譯，北京，商務印書館，1978 年中文版。

44. G. W. F. Hegel: *Phänomenologie des Geistes,* Felix Meiner Verlag, Hamburg, 1952.
黑格爾：《精神現象學》，賀麟、王玖興譯，北京，商務印書館，1983年中文版。

45. G. W. F. Hegel: *Ästhetik,* Aufbau-Verlag, Berlin, 1955.
黑格爾：《美學》第1～4卷，朱光潛譯，北京，商務印書館，1986年中文版。

46. G. W. F. Hegel: *Über* die Differenz von Fichtesund Schellings Philosophie.
黑格爾：〈論費希特和謝林哲學的差別〉，載《黑格爾全集》第4卷，歷史考訂版。

47. G. W. F. Hegel: *Natursphilosophie.*
黑格爾：《自然哲學》，梁志學譯，北京，商務印書館，中文版。

48. A. N. Whitehead: *Science and the Modern World,*

Cambridge University Press, 1932.

〔英〕A. N. 懷特海: 《科學與近代世界》，何欽譯，北京，商務印書館，1989年中文版。

49. Von Heinrchi Rickert: *Kulturwissenschaft und Naturwissenschaft*, Tübigen, 1921. Verlag von J. C. B. Mohr.

H. 李凱爾特: 《文化科學和自然科學》，涂紀亮譯，1991年北京，商務印書館，中文版。

50. Arthur Schopenhauer: *Die Welt als Wille und Vorstellung*, Leipzig. 1859.

A. 叔本華: 《作爲意志和表象的世界》，石冲白譯，北京，商務印書館，1987年中文版。

51. Heinrich Heine: *Die romantische Schule.*

H. 海涅: 《論浪漫派》，劉半九譯，北京，人民文學出版社，1979年中文版。

52. Heinrich Heine: *Über Deutschland.*

海涅: 《論德國》，薛華譯，北京，商務印書館，中文版。

53. *The Philosophy of the Enlightenment* by Ernst Cassier.

卡西爾: 《啟蒙哲學》，顧偉銘等譯，山東人民出版社，1988年中文版。

54. Bertrand Russell: *Wisdom of the West-A Historical Survey of Western Philosophy in Its Social and Political Setting*, London, 1959.

〔英〕伯特蘭・羅素：《西方的智慧——西方哲學在它的社會和政治背景中的歷史考察》，馬家駒、賀霖譯，北京，世界知識出版社。

55. Ernst Cassier: *Mythical Thought*, Yale University Press, 1954.

恩斯特・卡西爾：《神話思維》，黃龍保、周振選譯，中國社會科學出版社，中文版。

56. M. H. Abrams, *The Mirror and the Lamp*: *Romantic Theory and the Critical Tradition*, Oxford University Press, 1981 (reprinted).

〔美〕M. H. 艾布拉姆斯：《鏡與燈：浪漫主義文論及其批評傳統》，北京，大學出版社。酈稚牛等譯，1989年。

57. 杜美：《德國文化史》，北京大學出版社。

58. 余匡復：《德國文學史》，上海外語教育出版社。

59. 《弗蘭茨・梅林論文集》，1961 年德文版。

60. 弗蘭茨・梅林：《中世紀以來的德國史》，北京，三聯書店，中文版。

61. 平森・科佩爾：《德國近現代史——它的歷史和文化》上下卷，北京，商務印書館，中文版。

62. Frank Thilly: *A History of philosophy*, New York. Henry Holt and Co. 1925.

F. 梯利：《西方哲學史》上下冊，北京，商務印書館，中文版。

63. 陳修齋、楊祖陶：《歐洲哲學史稿》，湖北人民出版社。

64. 楊祖陶：《德國古典哲學的邏輯進程》，武漢大學出版社。

65. 梁志學：《論黑格爾的自然哲學》，上海人民出版社。

66. 苗力田主編：《古希臘哲學》，中國人民大學出版社。

67. 苗力田、李毓章主編：《西方哲學史新編》，中國人民大學出版社。

68. 宋祖良：《青年黑格爾的哲學思想》，湖南教育出版社。

69. 〔匈〕盧卡奇：《理性的毀滅》，山東人民出版社。

70. 《西方著名哲學家評估》第 6 卷，山東人民出版社。

71. 劉小楓主編：《二十世紀西方宗教哲學文選》上下卷，上海人民出版社。

72. 劉小楓：《詩化哲學》，山東文藝出版社。

73. 賀麟：《哲學與哲學史論文集》，商務印書館，1990 年版。

74. 〔蘇〕葉·莫·梅列金斯：《神話的詩學》，北京，商務印書館，中文版。

75. 〔蘇〕捷·伊·奧伊則爾曼：《辯證法史——德國古典哲學》，北京，人民出版社。

76. 〔蘇〕阿爾森·古留加《謝林傳》，北京，商務印書館，1990 年版。

77. 〔法〕羅斑：《希臘思想和科學精神的起源》，北京，商務印書館，1965 年。

78. 勃蘭兌斯：《十九世紀文學主流》第二分册：《德國的浪漫派》，人民文學出版社。

79. 蔣孔陽主編：《十九世紀西方美學名著選——德國卷》，復旦大學出版社。

80. Heinrich Heine: *Geschichte der deutschen Philosophie*

und Religion.

H. 海涅: 《論德國哲學和宗教的歷史》，北京，商務印
書館，1974 年中文版。

索　引

四　　劃

五　　劃

六　　劃

世界哲學家叢書 (九)

書　　　　名	作　　者	出　版　狀　況
愛　默　生	陳　　波	撰　稿　中
魯　　一　士	黃　秀　璣	已　出　版
珀　爾　斯	朱　建　民	撰　稿　中
詹　姆　斯	朱　建　民	撰　稿　中
杜　　　威	葉　新　雲	撰　稿　中
蒯　　　因	陳　　波	已　出　版
帕　特　南	張　尚　水	撰　稿　中
庫　　　恩	吳　以　義	撰　稿　中
費　耶　若　本	苑　舉　正	撰　稿　中
拉　卡　托　斯	胡　新　和	撰　稿　中
洛　爾　斯	石　元　康	已　出　版
諾　錫　克	石　元　康	撰　稿　中
海　耶　克	陳　奎　德	撰　稿　中
羅　　　蒂	范　　進	撰　稿　中
喬　姆　斯　基	韓　林　合	撰　稿　中
馬　克　弗　森	許　國　賢	已　出　版
希　　　克	劉　若　韶	撰　稿　中
尼　布　爾	卓　新　平	已　出　版
默　　　燈	李　紹　崑	撰　稿　中
馬　丁・布　伯	張　賢　勇	撰　稿　中
蒂　里　希	何　光　滬	撰　稿　中
德　日　進	陳　澤　民	撰　稿　中
朋　諤　斐　爾	卓　新　平	撰　稿　中

世界哲學家叢書(八)

書　　　　名	作　　　者	出版狀況
列　　維　　納	葉　秀　山	撰　稿　中
德　　希　　達	張　正　平	撰　稿　中
呂　　格　　爾	沈　清　松	撰　稿　中
富　　　　科	于　奇　智	撰　稿　中
克　　羅　　齊	劉　綱　紀	撰　稿　中
布　拉　德　雷	張　家　龍	撰　稿　中
懷　　特　　海	陳　奎　德	已　出　版
愛　因　斯　坦	李　醒　民	撰　稿　中
玻　　　　爾	戈　　革	已　出　版
卡　　納　　普	林　正　弘	撰　稿　中
卡爾・巴柏	莊　文　瑞	撰　稿　中
坎　　培　　爾	冀　建　中	撰　稿　中
羅　　　　素	陳　奇　偉	撰　稿　中
穆　　　　爾	楊　樹　同	撰　稿　中
弗　　雷　　格	趙　汀　陽	撰　稿　中
石　　里　　克	韓　林　合	排　印　中
維　根　斯　坦	范　光　棣	已　出　版
愛　　耶　　爾	張　家　龍	撰　稿　中
賴　　　　爾	劉　建　榮	撰　稿　中
奧　　斯　　丁	劉　福　增	已　出　版
史　　陶　　生	謝　仲　明	撰　稿　中
馮・賴特	陳　　波	撰　稿　中
赫　　　　爾	馮　耀　明	撰　稿　中
帕　爾　費　特	戴　　華	撰　稿　中
梭　　　　羅	張　祥　龍	撰　稿　中

世界哲學家叢書 (七)

書　　　　　名	作　　者	出 版 狀 況
阿　　德　　勒	韓　水　法	撰　稿　中
史　賓　格　勒	商　戈　令	已　出　版
布　倫　坦　諾	李　　河	撰　稿　中
韋　　　　伯	陳　忠　信	撰　稿　中
卡　　西　　勒	江　日　新	撰　稿　中
沙　　　　特	杜　小　眞	撰　稿　中
雅　斯　培	黃　　藿	已　出　版
胡　塞　爾	蔡　美　麗	已　出　版
馬克斯·謝勒	江　日　新	已　出　版
海　　德　　格	項　退　結	已　出　版
漢　娜　鄂　蘭	蔡　英　文	撰　稿　中
盧　　卡　　契	謝　勝　義	撰　稿　中
阿　多　爾　諾	章　國　鋒	撰　稿　中
馬　爾　庫　斯	鄭　　湯	撰　稿　中
弗　　洛　　姆	姚　介　厚	撰　稿　中
哈　伯　馬　斯	李　英　明	已　出　版
榮　　　　格	劉　耀　中	排　印　中
柏　格　森	尚　新　建	撰　稿　中
皮　　亞　　杰	杜　麗　燕	排　印　中
別　爾　嘉　耶　夫	雷　永　生	撰　稿　中
索　洛　維　約　夫	徐　鳳　林	排　印　中
馬　　賽　　爾	陸　達　誠	已　出　版
梅　露·彭　迪	岑　溢　成	撰　稿　中
阿　爾　都　塞	徐　崇　溫	撰　稿　中
葛　　蘭　　西	李　超　杰	撰　稿　中

世界哲學家叢書 (六)

書　　　　　名	作　　　者	出　版　狀　況
巴　　克　　萊	蔡　信　安	已　出　版
休　　　　　謨	李　瑞　全	已　出　版
托　馬　斯·銳　德	倪　培　林	撰　稿　中
梅　　里　　葉	李　鳳　鳴	撰　稿　中
狄　　德　　羅	李　鳳　鳴	撰　稿　中
伏　　爾　　泰	李　鳳　鳴	排　印　中
孟　德　斯　鳩	侯　鴻　勳	已　出　版
盧　　　　　梭	江　金　太	撰　稿　中
帕　　斯　　卡	吳　國　盛	撰　稿　中
達　　爾　　文	王　道　遠	撰　稿　中
康　　　　　德	關　子　尹	撰　稿　中
費　　希　　特	洪　漢　鼎	撰　稿　中
謝　　　　　林	鄧　安　慶	已　出　版
黑　　格　　爾	徐　文　瑞	撰　稿　中
祁　　克　　果	陳　俊　輝	已　出　版
彭　　加　　勒	李　醒　民	已　出　版
馬　　　　　赫	李　醒　民	已　出　版
迪　　　　　昂	李　醒　民	撰　稿　中
費　爾　巴　哈	周　文　彬	撰　稿　中
恩　　格　　斯	金　隆　德	撰　稿　中
馬　　克　　斯	洪　鐮　德	撰　稿　中
普　列　漢　諾　夫	武　雅　琴	撰　稿　中
約　翰　彌　爾	張　明　貴	已　出　版
狄　　爾　　泰	張　旺　山	已　出　版
弗　洛　伊　德	陳　小　文	已　出　版

世界哲學家叢書(五)

書　　　　　名	作　　　者	出版狀況
吉　田　松　陰	山口宗之	已　出　版
福　澤　諭　吉	卞　崇　道	撰　稿　中
岡　倉　天　心	魏　常　海	撰　稿　中
中　江　兆　民	畢　小　輝	撰　稿　中
西　田　幾　多　郎	廖　仁　義	撰　稿　中
和　辻　哲　郎	王　中　田	撰　稿　中
三　木　　清	卞　崇　道	撰　稿　中
柳　田　謙　十　郎	趙　乃　章	撰　稿　中
柏　　拉　　圖	傅　佩　榮	撰　稿　中
亞　里　斯　多　德	曾　仰　如	已　出　版
伊　壁　鳩　魯	楊　　適	撰　稿　中
愛　比　克　泰　德	楊　　適	撰　稿　中
柏　　羅　　丁	趙　敦　華	撰　稿　中
聖　奧　古　斯　丁	黃　維　潤	撰　稿　中
安　　瑟　　倫	趙　敦　華	撰　稿　中
安　　薩　　里	華　　濤	撰　稿　中
伊　本·赫　勒　敦	馬　小　鶴	已　出　版
聖　多　瑪　斯	黃　美　貞	撰　稿　中
笛　　卡　　兒	孫　振　青	已　出　版
蒙　　　　田	郭　宏　安	撰　稿　中
斯　賓　諾　莎	洪　漢　鼎	已　出　版
萊　布　尼　茨	陳　修　齋	已　出　版
培　　　　根	余　麗　嫦	撰　稿　中
托　馬　斯·霍　布　斯	余　麗　嫦	排　印　中
洛　　　　克	謝　啟　武	撰　稿　中

世界哲學家叢書(四)

書　　　　　名	作　　者	出版狀況
商　　羯　　羅	黃心川	撰　稿　中
維韋卡南達	馬小鶴	撰　稿　中
泰　戈　爾	宮　靜	已　出　版
奧羅賓多·高士	朱明忠	已　出　版
甘　　　　地	馬小鶴	已　出　版
尼　　赫　　魯	朱明忠	撰　稿　中
拉達克里希南	宮　靜	撰　稿　中
元　　　　曉	李箕永	撰　稿　中
休　　　　靜	金煐泰	撰　稿　中
知　　　　訥	韓基斗	撰　稿　中
李　　栗　　谷	宋錫球	已　出　版
李　　退　　溪	尹絲淳	撰　稿　中
空　　　　海	魏常海	撰　稿　中
道　　　　元	傅偉勳	撰　稿　中
伊　藤　仁　齋	田原剛	撰　稿　中
山　鹿　素　行	劉梅琴	已　出　版
山　崎　闇　齋	岡田武彥	已　出　版
三　宅　尙　齋	海老田輝巳	已　出　版
中　江　藤　樹	木村光德	撰　稿　中
貝　原　益　軒	岡田武彥	已　出　版
荻　生　徂　徠	劉梅琴	撰　稿　中
安　藤　昌　益	王守華	撰　稿　中
富　永　仲　基	陶德民	撰　稿　中
石　田　梅　岩	李甦平	撰　稿　中
楠　本　端　山	岡田武彥	已　出　版

世界哲學家叢書 (三)

書　　　　名	作　　者	出 版 狀 況
澄　　　　觀	方　立　天	撰　稿　中
宗　　　　密	冉　雲　華	已　出　版
永　明　延　壽	冉　雲　華	撰　稿　中
湛　　　　然	賴　永　海	已　出　版
知　　　　禮	釋　慧　嶽	排　印　中
大　慧　宗　杲	林　義　正	撰　稿　中
袾　　　　宏	于　君　方	撰　稿　中
憨　山　德　清	江　燦　騰	撰　稿　中
智　　　　旭	熊　　琬	撰　稿　中
康　　有　　爲	汪　榮　祖	撰　稿　中
譚　嗣　同	包　遵　信	撰　稿　中
章　太　炎	姜　義　華	已　出　版
熊　十　力	景　海　峰	已　出　版
梁　漱　溟	王　宗　昱	已　出　版
胡　　　　適	耿　雲　志	撰　稿　中
金　岳　霖	胡　　軍	已　出　版
張　東　蓀	胡　偉　希	撰　稿　中
馮　友　蘭	殷　　鼎	已　出　版
唐　君　毅	劉　國　強	撰　稿　中
宗　白　華	葉　　朗	撰　稿　中
湯　用　彤	孫　尚　揚	撰　稿　中
賀　　　　麟	張　學　智	已　出　版
龍　　　　樹	萬　金　川	撰　稿　中
無　　　　著	林　鎮　國	撰　稿　中
世　　　　親	釋　依　昱	撰　稿　中

世界哲學家叢書（一）

書　　　　名	作　　者	出版狀況
胡　　五　　峯	王　立　新	撰　稿　中
朱　　　　熹	陳　榮　捷	已　出　版
陸　　象　　山	曾　春　海	已　出　版
陳　　白　　沙	姜　允　明	撰　稿　中
王　　廷　　相	葛　榮　晉	已　出　版
王　　陽　　明	秦　家　懿	已　出　版
李　　卓　　吾	劉　季　倫	撰　稿　中
方　　以　　智	劉　君　燦	已　出　版
朱　　舜　　水	李　甦　平	已　出　版
王　　船　　山	張　立　文	撰　稿　中
眞　　德　　秀	朱　榮　貴	撰　稿　中
劉　　蕺　　山	張　永　儁	撰　稿　中
黃　　宗　　羲	吳　　　光	撰　稿　中
顧　　炎　　武	葛　榮　晉	撰　稿　中
顏　　　　元	楊　慧　傑	撰　稿　中
戴　　　　震	張　立　文	已　出　版
竺　　道　　生	陳　沛　然	已　出　版
眞　　　　諦	孫　富　支	撰　稿　中
慧　　　　遠	區　結　成	已　出　版
僧　　　　肇	李　潤　生	已　出　版
智　　　　顗	霍　韜　晦	撰　稿　中
吉　　　　藏	楊　惠　南	已　出　版
玄　　　　奘	馬　少　雄	撰　稿　中
法　　　　藏	方　立　天	已　出　版
惠　　　　能	楊　惠　南	已　出　版

世界哲學家叢書 (一)

書　　　　名	作　　者	出　版　狀　況
孔　　　　子	韋　政　通	撰　稿　中
孟　　　　子	黃　俊　傑	已　出　版
荀　　　　子	趙　士　林	撰　稿　中
老　　　　子	劉　笑　敢	撰　稿　中
莊　　　　子	吳　光　明	已　出　版
墨　　　　子	王　讚　源	撰　稿　中
公　孫　龍　子	馮　耀　明	撰　稿　中
韓　非　子	李　甦　平	撰　稿　中
淮　南　子	李　　　增	已　出　版
賈　　　誼	沈　秋　雄	撰　稿　中
董　仲　舒	韋　政　通	已　出　版
揚　　　雄	陳　福　濱	已　出　版
王　　　充	林　麗　雪	已　出　版
王　　　弼	林　麗　眞	已　出　版
郭　　　象	湯　一　介	撰　稿　中
阮　　　籍	辛　　　旗	撰　稿　中
嵇　　　康	莊　萬　壽	撰　稿　中
劉　　　勰	劉　綱　紀	已　出　版
周　敦　頤	陳　郁　夫	已　出　版
邵　　　雍	趙　玲　玲	撰　稿　中
張　　　載	黃　秀　璣	已　出　版
李　　　覯	謝　善　元	已　出　版
楊　　　簡	鄭　曉　江	撰　稿　中
王　安　石	王　明　蓀	已　出　版
程　顥　、　程　頤	李　日　章	已　出　版